ちくま新書

使える！予習と復

——自主学習の心理学

篠ケ谷圭太
Shinogaya Keita

1784

使える！　予習と復習の勉強法

――自主学習の心理学

【目次】

はじめに　007

序章　あなたはなぜ勉強するのか　011
勉強する理由は人それぞれ／勉強で身につけたい力とは

第1章　すべての学びは知識から　017
人間の情報処理の流れ／知識次第で理解が変わる／知識次第で問いも変わる／知識が大事にされなかった時代もある／深い理解の大切さ／精緻化と体制化

第2章　勉強はやり方次第　035
学習方略とは？／認知的方略／反復方略――繰り返す／効果的な繰り返し方とは？／精緻化方略――自分の知識とつなげる／イメージを利用すると覚えやすい／意味を付け加えると覚えやすい／色々な教科での精緻化方略／精緻化方略と成績の関係／体制化方略――整理する・まとめる／色々な教科での体制化方略／体制化方略と成績の関係

第3章　自分の勉強を自分で調整する　079
メタ認知的方略とは／学習を習慣づけよう／自分で自分のやる気を高めよう／勉強で大切なことって何だろう／深い処理を大切にする考え方／深い処理を大切にしない考え方／「どのように」を大切に／「学ぶ力」を身につけよう

第4章　予習と授業と復習で理解を深める　111
授業の受け方はとても大事／授業で学ぶだけで十分？／予習はとても大切／予習の効果といえる事例／自己調整学習／サイクルを回すには

第5章　効果的な予習法とは　141
予習にありがちな誤解／予習をすると知識の「なぜ」まで理解できる／予習の仕方と授業の受け方を調べた研究／わからないことをチェックしながら聞けるようになる／自分の言葉でメモがとれるようになる／予習をすると質問できる／予習が効果を持つには／予習をすると議論が活発にできる／形だけ予習してもダメ／苦手な科目では少し工夫が必要

第6章　復習での工夫　175
復習でありがちな勉強法／問題を解けるようになるには／教訓帰納は練習が必要／個別指導でのトレーニング／弱点や勉強方法の教訓／知識を定着させるには／普段の復習で始められること／説明することのメリット／教科書に立ち戻ることの大切さ／苦手な科目や嫌いな科目でどうするか
おわりに　213
参考文献　217

イラスト＝たむらかずみ

はじめに

「勉強の仕方がわからない」という人は多いでしょう。この本は、認知心理学をもとにしながら、勉強のやり方について研究をしてきた筆者が、学校の勉強に取り組んでいるみなさんに向けて、わたしたち人間の「学習」や「情報処理」に関する理論や、これまでに行われてきた様々な研究結果をもとに、大切にしたい予習方法や復習方法をまとめたものになります。

ただし、「これをやっておけば大丈夫」という最強の勉強法があるわけではないということは最初にお伝えしておきます。一番大切なことは、「こうやるしかない」と思い込んで、一つのやり方に固執するのではなく、色々なやり方を知って、その中から自分に合ったやり方を見つけていく姿勢を身につけることです。

このことは、学校での勉強を終えた後でとても大切になってきます。いい仕事をするためには、先輩や同僚から学ばなければならないことがたくさんありますし、社会人として生きていくためにも、知らなければいけないこと、知っておいた方がいいことがたくさんあります。学校での勉強が終わっても、わたしたちは生涯にわたってずっと「学習者」として、他の人や本、インターネットから、新しいことを学んでいかなければなりません。そんな時、どうやったらもっとうまく学べるかを考えながら工夫する姿勢は、大きな武器となります。

まず、第1章では、人間の情報処理の仕組みや、学力をめぐって日本で議論されてきたことに触れながら、私たち人間にとって「知識」を身につけることがいかに大切かを詳しく説明したいと思います。そして、第2章では、「学び方」を工夫することの大切さについて考えていきます。いくらやる気があっても、ただがむしゃらに取り組んでいるだけでは思うような成果が挙げられないことが多いです。その場合には、やり方を工夫しながら取り組むことが大切です。このあたりについて、教育心理学の研究も紹介しながら押さえていくことにします。また、上手な学習者は、「自分を勉強へと向かわせる」「自分のやる気を自分で高める」といったように、自分の学習を自分で調整していますので、第3章ではこうした側面についても扱っていきたいと思います。

そして、第4章からは、具体的に日々の勉強方法を考えていきましょう。私たちの学びは一度きりで完結するものではなく、学習を繰り返す中で少しずつ深まっていったり、広がっていくものです。そうなのであれば、学校でのいろんな勉強も、授業だけで学ぶのではなく、予習や復習をしながら少しずつ理解を深めていくことがとても重要になってきます。第4章では、授業で扱う内容をしっかりと理解して、自分のものにしていく上で、予習や復習が大切であることをもう少し詳しく説明していきます。

そして、第5章と第6章で、予習や復習をする時のポイントを、色々な研究の結果をふまえながら押さえていくこととします。ただし、人によっては紹介した勉強法のハードルが高いかもしれません。そんな時のために、第5章や第6章では、「苦手な教科や嫌いな教科ではどんな工夫が考えられるか」についても触れていきたいと思います。

勉強のやり方は、無意識のうちに工夫していることが多く、「いつの間にか自分のスタイルが出来上がっていた」という人もいるでしょう。そうした人たちにとっては、「そんなこともうやっているよ」というものもあるかもしれません。ただ、人間の情報処理の仕組みを知り、なぜその方法が効果的なのかを知っておくことで、もっと意識的にやってみることもできますし、学校の勉強以外のいろいろな場面でも応用できるようになります。

勉強について悩んでいる人、勉強を教えている人、サポートしている人、そんなみなさんに、少しでもタメになったと感じていただけるとよいなと思います。

序章

あなたはなぜ勉強するのか

†勉強する理由は人それぞれ

先生：みなさん、学校で授業を受けて、宿題をやって、テスト勉強をして、毎日頑張っていますね。ところで、なぜみなさんは勉強しているのでしょうか？　みなさんが頑張って勉強している理由を聞かせてください。

A：え、だって勉強やっておかないと将来困るだろうし……

B：僕は他の人に負けたくないからだなぁ。いい成績とるといい気分になれるし。

C：みんな頑張ってるし、雰囲気的にやらないわけにはいかないから……

「なぜ勉強しているの？」と聞かれた時、みなさんはどう答えるでしょうか。人によってその答えは全然違うと思います。教育心理学では、勉強する理由のことを「学習動機」と呼んでいて、みなさんが勉強する理由は、大きくグループ分けすると、充実志向（新しいことを知れて面白いから）、訓練志向（頭の訓練になるから）、実用志向（将来の役に立つから）、関係志向（みんながやっているから）、自尊志向（よい点をとって自慢したいから）、報酬志向（先生や親に褒められたいから）の六つになると言われています（堀野・市川 1997）。

さらに、この六つの動機は、図表0-1のように「学習内容の重要性」と「学習の功利性」の二つの軸で整理することができます。縦軸の「学習内容の重要性」とは、勉強の内容そのものをどれだけ大切にしているかの度合いで、勉強の内容を大切にしている場合は上、あまり勉強の内容は気にしていない場合は下になります。横軸の「学習の功利性」とは、勉強することで自分が得することをどれだけ大切にしているかの度合いで、自分にとっての得を意識している場合は右に、意識していない場合は左になります。

たとえば「面白いから」「新しいことを知れるから」といった理由（充実志向）は、勉強の内容自体を面白く感じているので、内容を重視している点で、上に位置します。そして、勉強することで自分が得するかどうかは考えていない（功利性は大切にしていない）の

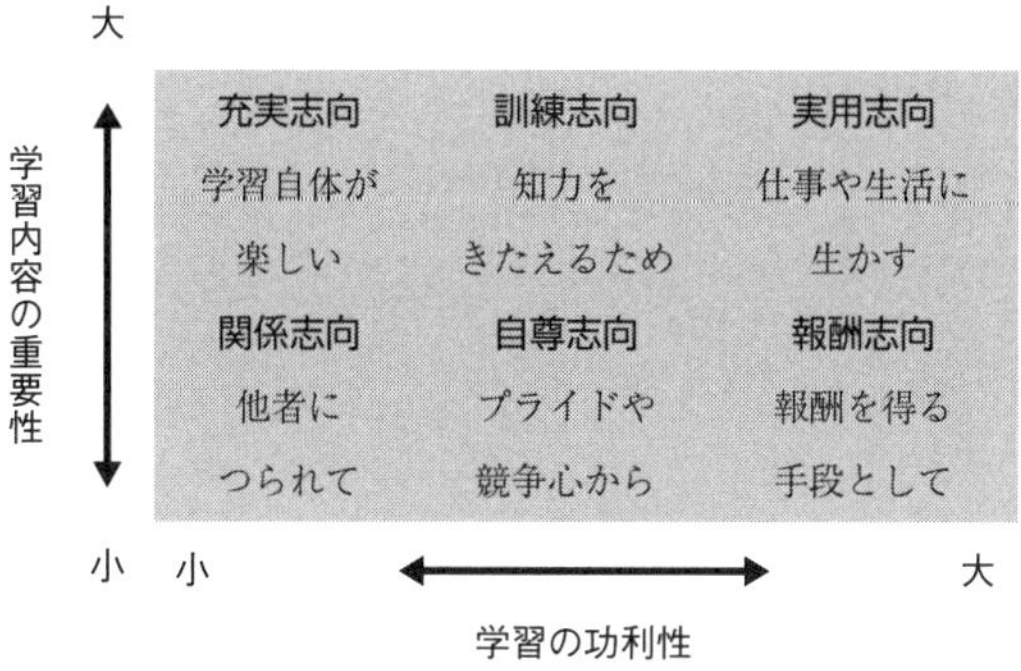

図表0-1　学習動機（勉強する理由）の分類
出典：（市川　2004）より作成

で、横軸では左に位置します。一方で、「先生や親に褒められたいから」「良い成績をとっておこづかいが欲しいから」などの理由（報酬志向）の場合、勉強でどれだけ得するかを大事にしているので横軸では右に位置します。また、よい成績をとることに意識が向いていて、勉強内容に意識があるわけではないので下にくるわけです。

　勉強する理由は人それぞれですし、一人一つだけでもありません。実際、「六つの理由のうち、自分にはいくつもあてはまるなぁ」という人もいると思います。実は、勉強する理由は、どれか一つがいいというわけではなくて、いろんな理由で勉強をしていることが大切になってきます。

　たとえば、「わかると楽しいから」という充実志向だけで勉強している場合、学年が上がって勉強の内容が難しくなったら、急に面白くなくなってしまい、勉強そのものをやらなくなってしまう可能性があります。実際のところ、小学生、中学生、高校生のやる気について調べた調査では、学年が上がるにつれて「面白い」といったタイプのやる気が下がってしまうことが報告されています。

そんな時、「将来やりたい仕事には絶対必要だし……」「ライバルに負けたくないし……」「みんなもやっているし……」など、色々な理由で勉強に取り組んでいれば、面白くなくなったからといって、簡単に勉強をやめてしまうことはないでしょう。一つの理由だけで勉強するのは危険なのです。

色々な理由に支えられながら、粘り強く勉強に取り組んでいくこと、また、勉強に取り組む中で、「みんなで頑張るのは楽しいな」「次はもう少しできるようになりたいな」「自分の興味のある仕事に必要だな」などなど、色々な理由が生まれてくることが大切だという点は、勉強している人も、勉強を教える先生方も、保護者の方々も、意識してみるとよいのではないでしょうか。

†勉強で身につけたい力とは

では、私たちは学校での勉強を通じてどのような力を身につけていく必要があるのでしょうか。文部科学省の学習指導要領では、「予測困難な社会の変化に主体的に関わり、感性を豊かに働かせながら、どのような未来を創っていくのか、どのように社会や人生をよりよいものにしていくのかという目的を自ら考え、自らの可能性を発揮し、よりよい社会と幸福な人生の創り手となる力を身に付けられるようにすること」と記述されています。

つまり、情報が溢れ、目まぐるしく変化するこの世の中では、柔軟に対応しながらよりよい社会と人生を創り出していく「生きる力」を身につけることが、学校教育の大きな目標だというわけです。学校では色々な教科の勉強を通じて、情報を吟味する力、情報をもとに新しいことを考える力を身につけることが目指されていると言えます。

そして、「生きる力」を高めていくために、すべての教科の目標や内容は、「知識及び技能」、「思考力、判断力、表現力等」、「主体的に学びに向かう態度、人間性等」という三つの柱で整理されています。つまり、教科で扱われる色々な知識や技能をしっかりと身につけていくこと、自分で考えたり、自分の考えを上手に表現したりする力を身につけること、勉強に粘り強く取り組んだり、上手に学んでいく姿勢を身につけることの三つを大切にしていこうということです。

第1章では、これら三つの柱のうち、「知識及び技能」と「思考力、判断力、表現力等」について考えていきたいと思います。特に、重要な役割を果たすのが「知識及び技能」です。人工知能（ＡＩ）の技術が発達し、我々人間の職業の多くがコンピュータにとって代わられてしまう可能性が指摘されています（松尾 2015）。インターネット技術の発展により「情報はインターネットですぐに手に入るのだから、これから必要なのはそれを使いこなす力だ」と考えたくなりますし、実際にそういった議論も見られます。知識を集めたり、型通りに答えを出すことは人工知能が得意とするところで、わたしたちが人工知能に勝つことは難しいでしょう。

わたしたち人間が人工知能に勝っているところは、普通では思いもつかないような、オリジナルな発想や独特な発想をするなどの思考力、判断力、表現力です。そのため、これからの教育では、「知識及び技能」よりも「思考力、判断力、表現力」が重要になると主張することには説得力がありそうです。

しかし、実はそう考えるのは危険です。それは「思考力、判断力、表現力」を高めていくためにも知識を持っておくことが重要になるからです。では、なぜ知識は大切なのでしょうか。知識を得る際に、どのようなことが大切になるのか、第1章で考えていきましょう。

第1章

すべての学びは知識から

筆者は長い間、認知心理学の考え方にもとづきながら、勉強の仕方や勉強の教え方について研究をしてきました。認知心理学とは、人間の頭をコンピュータのように捉えて、私たちが頭の中でどのように情報を処理しているのかを明らかにする学問です。

たとえば、何かを見ている時に私たちはそれをどう捉えているのか、何かを覚える時にどのような工夫をすると記憶に残りやすくなるのか、人の話を聞いている時にどうすれば深く理解できるのか……こうしたことが、認知心理学の研究になるわけです。

筆者は今、心理学の研究者として大学で教えていますが、もともとは中学校や高校の先生を目指していました。そのため、何かを学ぶ時に頭の中で何が起こっているのかにとりわけ興味がありました。そこで、認知心理学の知見をふまえながら、授業の内容を深く理解するとはどういうことか、授業での勉強をさらに充実したものにするには、家ではどんな勉強をどのようにしておけばよいのかを研究してきたわけです。

心理学の研究の道に入ってからもう15年以上経ちますが、この間、予習をしておくと授業の理解の仕方はどう変わるのか、どんな予習をしておくとより効果的なのか、授業が理解できたらどんな復習をしておくとよいのか、授業と家庭学習をどうやってつなげていけばよいのかについて、論文や本を書いてきました。これまでの筆者自身の研究や、その他の心理学の研究から言えることを、この本でも紹介していきます。

†人間の情報処理の流れ

認知心理学では、私たちの頭の中で情報は図表1－1のように処理されることが知られています。

目や耳などを通して、頭の中に入ってくる情報のことを入力情報と言います。授業で先生がしてくれる説明も、友達が発表した意見も、教科書を開いた時に目に入ってくるものも、見たもの、聞いたものはすべてわたしたちにとっての入力情報です。一方、私たちが言葉や行動などの形で外に発信する情報を出力情報と言います。会話の中でみなさんが話

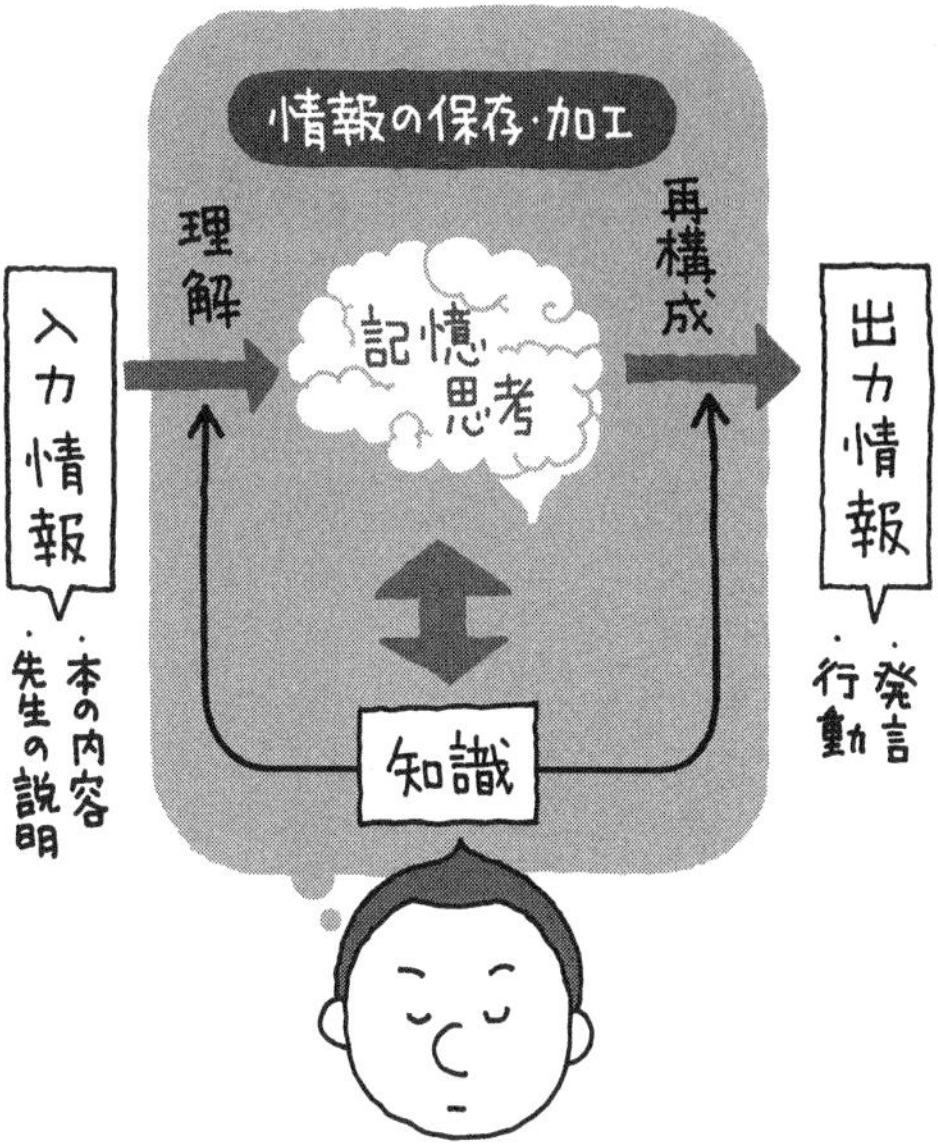

図表１－１　人間の情報処理の流れ
出典：（市川　2004）より作成

していることも、授業の中での発表も、出力情報と言えます。

そして、私たちは入力された情報について、頭の中に留める、あれこれ考えるなど、色々な処理を行っています。この流れの中で、重要な役割を果たしているのが知識です。図表１－１を見てもらえばわかるように、頭の中にはこれまでの生活や勉強で蓄えてきた様々な知識があります。私たちはこの知識を使いながら、入力された情報を処理し、出

図表1－2　ものの見え方が変わる例

力する時にも知識を使いながら発信をしているというわけです。

知識次第で理解が変わる

このような情報処理の仕方をふまえれば、目を通して入ってきた情報をどう捉えるか、つまり、ものの見え方だって、知識次第で変わってくることがわかります。これを実感してもらう、わかりやすい例が図表1－2です。

みなさんは、これを見た時にどのように読みますか？　ＴＨＥもＣＡＴも、どちらも真ん中の文字（記号）は同じ形です。目には同じ情報が入ってきていますし、網膜にも同じ像が映っているわけです。でも、わたしたちは、片方はＨ、もう片方はＡとして捉えます。たとえ同じ入力情報でも、頭の中にある知識を使いながら捉え直しているよい例だと言えます。

このような例はものの見え方だけではありません。知識次第で、文章の理解のされ方も変わってきます。たとえば、次の文章を読んでみてください。

「手順は単純である。まず、物をいくつかの山に分ける。もちろん量が少なければ一つの山でも十分である。もし設備がないためにどこかよそへ行かなければならないのなら話は別だが、そうでなければ準備は整ったことになる。大切なことは一度にあまり多くやり過ぎないことである。つまり、一度に多くやり過ぎるよりも、むしろ少なすぎるぐらいのほうがよい。このことの重要さはすぐにはわからないかもしれないが、もしこの注意を守らないとすぐにやっかいなことになるし、お金もかかることになる。最初、全手順は複雑にみえるかもしれない。しかし、すぐにそれは生活の一部となるであろう。将来このしごとの必要性がなくなることを予想するのは困難であり、けっして誰もそんな予言をしないであろう。手順が完了した後、材料はふたたびいくつかのグループに分けて整理される。それからそれらはどこか適当な場所にしまわれる。この作業が終わったものは、もう一度使用され、ふたたびこのサイクルが繰り返されることになる。面倒なことだが、しかしこれは生活の一部なのである。」

パッと読んだだけではなかなか頭に入ってこないのではないでしょうか。この文章は、実は洗濯の話をしています。洗濯について書いた文章だということをふまえてもう一度先ほどの文章を読んでみてください。おそらく何を言っているのか理解できるでしょうし、一つ一つの文がどのような状況を指しているのか、具体的なイメージまでできるのではないでしょうか。それは、洗濯に関して私たちが知識を持っているからです。

「洗濯する時には洗濯機を使う」「たくさん入れすぎると洗濯機は動かない」「洗濯機がない人はコインランドリーを使う」など、洗濯にまつわる色々な知識を持っているからこそ、この文章が何を言いたいのか、一文一文が何を言っているのか、知識と擦り合わせながら筋を通していくことができるのです。

しかし、洗濯の話だと教えてもらわなければ、洗濯に関して持っている自分の知識を使うことができません。洗濯の話だと教えてもらわない時と教えてもらった後で、この文章の理解のしやすさが変わることから、「理解をするためには知識が必要である」ことを実感していただけたのではないでしょうか。

このように、わたしたちは、これまでの勉強や経験から、人や物事についての知識を持っていて、それを使いながら入力情報を処理しています。だから、知識次第で、見たこと、聞いたことをどう受け取るかも、どう記憶に残るかも変わってきます。

たとえば、Aくんについて「頭がいい」「勉強が得意」などの知識を持っている人が、「Aくんがこの前のテストで100点をとったらしいよ」という話を聞けば、「さすがAくんだなぁ」と思うでしょう。でも、「Aくんは性格が悪い」という知識を持っている人が同じ話を聞いた場合、「Aくんが何かズルいことをしたんじゃないか」と考えたりします。同じ話を聞いたとしても、Aくんに関する知識やイメージ次第で、解釈の仕方も、考えることも変わってくるわけです。

†知識次第で問いも変わる

頭の中に知識があることは、新たに色々な問いを生み出すことにも役立ちます。勉強には、身につけるべき知識があって、それを学んでいく「習得型」の学習と、自分で問いを作りながら、新しいものを作り出していく「探究型」の学習があると言われています（市川 2004）。たとえば、毎日やっている教科の勉強は、教科書に載っている知識や技能を身につけていくことが目標となっているので、基本的には「習得型」の勉強といえます。一方で、夏休みの自由研究などは、身につけるべき知識が決まっておらず、みなさん自身でテーマを設定して進めていくタイプの学習なので、「探究型」の勉強といえるでしょう。

この二つのタイプのうち、現在では探究型の学習の重要性が高まっています。教科の勉強のほかに、総合的な学習の時間が設置されており、新しい学習指導要領でも、調べること、考えること、表現することの重要性が指摘されています。

社会のめまぐるしい変化に柔軟に対応しながら生きていくためには、学校で扱う色々な教科の知識を身につけるだけではダメで、自分で問いを見つけ、自分でそれを解決していく力が必要だといったことがさかんに議論されています。人工知能（ＡＩ）が発達する中、「コンピュータやＡＩが色々な情報を提供してくれるので、これからの勉強では、それらを使いこなして新しいものを生み出す力を大切にするべきだ」といった風潮は、今後さらに強くなっていくと思われます。

しかし、本当にそうでしょうか。自分で問いを作り出す力、問いについて探究する力が大切だからといって、習得型の勉強が必要ないわけではありません。なぜなら、わたしたち人間は、「知識があることで深く考えることができる」からです。

心理学の中には、問いを作ることに注目した研究もたくさん行われています。そうした研究では、わたしたちが疑問や質問を思いつくまでの流れについて議論されてきました。

その中で、新しい情報と、自分の知っていること（頭の中にある知識やイメージ）がうまく噛み合わなくてモヤモヤした状態を通じて、わたしたちは「問い」を作り出していく、という考え方が主張されています（Dillon 2004）。このモヤモヤした状態は「認知的不協和」の状態とも言われていて、そのモヤモヤが形になって、問いが作られていくわけです。

となると、問いを思いつく時にも、頭の中に知識があることが前提になります。たとえば、インターネットで情報を探索したとしましょう。先ほど説明したように、そこで得られた情報を理解するためには知識が必要です。しかし、得られた情報から自分のオリジナルな問いを生み出していくためにも、やはり知識が必要です。目の前の情報と自分の知識が噛み合わないことがきっかけとなって問いが生まれるからです。

実際、実験参加者が作り出す問いに注目した研究では、テキストの内容についてまったく知識がない人と、知識をたくさん持っている人では、後者の方が多くの問いが出せることが報告されています（Miyake & Norman 1979）。

この結果は、ものすごく単純に考えると、変な感じがします。知識がない人の方が、知らないことだらけなわけですから、問いがたくさん出てくると考えられるからです。しかし、「新しく学んだ情報と、自分が知っていることを照らし合わせて、うまく噛み合わない時に問いが生まれるのだ」と考えると、こうした実験の結果もつじつまが合います。

こうした話をふまえると、「考える力を身につけるためには、知識を身につける必要はない」と考えるのは間違いであって、「考える力を身につけるためにもたくさんの知識を身につけておく必要がある」ことがわかるのではないでしょうか。

†知識が大事にされなかった時代もある

先ほど説明したように、認知心理学では、豊富な知識を持っているほど新しいことを理解でき、多くの問いも作り出せるということが知られています。このように、とても大切な役割を果たしている知識ですが、日本の教育では、この知識があまり大切にされていなかった時期がありました。それが、いわゆる「ゆとり教育」の時代です。

1960年代や1970年代の高度経済成長期では、とにかくたくさんの知識を身につけて、いい大学に入って、いい企業に入ることが大切でした。その結果、ものすごく激しい受験競争が起こってしまい、競争へのプレッシャーから、いじめや不登校などの問題が発生しました。こうしたことへの反省から、プレッシャーを感じずに勉強ができるように、「ゆとり教育」が展開されるようになったのです。

この時、文部省は「新しい学力観」というスローガンを掲げて、「基礎基本的な知識だけでなく、思考力や意欲も学力に含めよう」といったことを主張しました。その際、この方針を聞いた学校では「知識だけではなく思考力や意欲も大切」という点を「知識よりも思考力や意欲が大切」と受け取ったのです。

そのため、毎日行われる授業も「指導」ではなく「支援」へと移行していくようになりました。先生が教えてしまっては知識の詰め込みになってしまうので、なるべく教えずに、子ども自身の学習意欲を尊重して、子どもの思考を支援することを大事にするようになったわけです。

しかし、思考には知識が必要なことは先ほど説明したとおりです。

基礎基本的な知識よりも、応用力が必要になる問題で構成されている、国際的な学力調査PISA（経済協力開発機構が3年ごとに実施）というテストがあります。ゆとり教育が展開されていった期間、このテストの成績がとても悪くなってしまったのです。ゆとり教育が展開されたのは1990年代で、その方針を継続した2000年代に、日本は成績を大きく落としてしまいました。また、このテストでは学習意欲についてアンケートも行っているのですが、日本の生徒の学習意欲は最低レベルであることもわかりました。

この結果は当時の日本にとってものすごくショックなものでした。これまでの詰め込み教育を反省して、思考力や学習意欲を大切にして教育してきたのに、それが身についていないどころか、悪くなっていることが示されてしまったからです。そのため、文部科学省は「基礎基本的な知識や技能」「思考力・表現力・判断力」「学習習慣」の三つを重要な柱にして、これらをバランスよく身につけていくことが大切だとしました。この時に立てた基本的な方針が今でも続いているというわけです。

†深い理解の大切さ

「知識は大切だ」ということはおわかりになったと思いますが、やみくもに知識を詰め込んでおけばよいわけではありません。もし知識を頭に入れるだけでよいのであれば、ゆとり教育よりも前の「詰め込み教育」に戻ればいいということになります。ここで重要になるのは、「思考に使える知識」を身につけることです。では、様々な状況で柔軟に使いこなすことができる、使える知識とは一体どのようなものなのでしょうか。ここでは、基礎基本的な知識に焦点をあてて考えていきましょう。

「基礎基本的な知識」と聞くと、計算スキルや漢字などの勉強をイメージする人が多いのではないでしょうか。この点について、まず誤解がないよう注意が必要です。実は、色々な教科で学ぶ「概念」をしっかり理解することも、「基礎基本的な知識」に含まれます。たとえば、算数や数学では、「二等辺三角形」や「反比例」などの様々な用語や、公式や定理などは、教科の中で身につけていく基礎基本的な知識と言えます。

この基礎的な知識をどのような状態で頭の中に入れておくかがとても大切です。たとえば同じ公式を覚える場合でも、意味もわからずに覚えているのか、「なぜその公式が成り立つのか」を理解しているのかでは、思い出しやすさも、使いやすさも、大きく違ってきます。色々な場面で柔軟に使いこなすことができる「使える知識」にするには、とにかく頭の中に詰め込むのではなくて、知識がお互いに結びついて、「深く理解した状態」になっていなければいけません。

では、深く理解できているかを確認するにはどうしたらよいでしょうか。一番手っ取り早いのは、「自分の言葉で説明できるか」を試してみることです。意味もわからないまま頭に詰め込んだ状態では、「知識と知識がどのように関係しているのか」、「その知識がなぜ成り立つのか」といったことを、自分の言葉で説明することはできません。

たとえば、みなさんは、なぜ台形の面積が「(上底＋下底)×高さ÷2」で求められるのか、2次関数の頂点の座標を求めたい時になぜ平方完成をするのか、説明できるでしょうか。この時に、平行四辺形の面積の求め方を使いながら、台形の面積の求め方についてわかりやすく説明できたら、「台形の面積の求め方と平行四辺形の面積の求め方がどのような関係になっているのか」や「なぜそのような公式になっているのか」がわかっているといえます。2次関数の話も、2次関数の式は頂点の位置が変わるとどのような形になるのかに触れながら、平方完成をする理由について自分の言葉で説明できれば、深く理解できていると言えます。

このように自分の言葉で基礎基本的な知識を説明できるように、理解を大切にして勉強しましょう。

†精緻化と体制化

ここまで、深く理解した状態で知識を頭に入れておく必要性を説明しました。それを可能にするためのキーワードとして挙げられるのが、「精緻化（elaboration）」と「体制化（organization）」です。

心理学では有意味受容学習という言葉が知られています。新しいことは、自分の持っている知識とつながって初めて意味がわかるというものです。このことをふまえれば、「意味がよくわからないまままとりあえず頭に詰め込んだことはすぐに忘れてしまい、思い出すことができない」、逆に、「自分の知っていることとうまくつながったことは、有意味受容、つまり、意味があるものとして頭に受け入れられ、思い出しやすくなる」ことがわかると思います。

少し脱線しますが、自分の知識とつながるとわかりやすい、頭に残りやすい、ということの有意味受容学習の話は「説明をする時に具体例や比喩を使うとよい」ということと関係しています。みなさんの周りで、学校の先生や習い事の先生、先輩など、説明するのがうまい人を思い浮かべてみてください。おそらくそういう人達は、「たとえばね……」と言いながら、聞いている人が知っている話に置き換えてくれているはずです。そうすることで、説明している内容と聞いている人の知識を結びつけているわけです。

わたしたちのこのような学習の特徴を押さえれば、何かを学ぶ時には意識的に自分の知識と結びつければよいことがわかります。これが「精緻化（elaboration）」です。何かを新たに学んだら、それを自分なりに噛み砕いて、意識的に自分の知識と結びつけてあげることで、記憶に残りやすくなるわけです。自分の知識と結びつき、意味があるものとして取り込まれていくことで、思考にも使える知識になるわけです。

また、頭の中の知識は「体制化（organization）」されていた方がよいと知られています（Bowerら 1969）。ごちゃごちゃの状態よりも、すっきりと整理されている方がよいというわけです。

このことを調べたBowerらは、ダイアモンドや銅、鉄など様々な「鉱物」の名前が書かれたリストを使って実験しました。このリストを実験参加者に渡して覚えてもらうわけですが、この時に、ぐちゃぐちゃな順番のリストで覚えてもらう人たちと、すっきりと整理された表で覚えてもらう人たちに分けました。そして、リストにあった鉱物の名前をどのくらい覚えていたかをテストしてみたところ、整理された表で覚えた人たちの方がよく覚えていることがわかりました。

部屋の片付けでも、部屋に散らばっている小物をぐちゃぐちゃな状態で棚に押し込むと、あとで必要になった時に「どこにしまったっけ？」とわからなくなってしまって、うまく探し出せません。でも、「学校関係のもの」「習い事関係のもの」「部活関係のもの」といったように、グループごとに分けておけば、必要な時にすぐに取り出すことができます。知識を頭に入れる時もそれと同じだということです。

このように、知識はとにかく頭に詰め込んでおけばいいわけではなく、自分の知識と結びつけて、意味のあるものにしてあげること（精緻化）、また、すっきりと整理された状態にしてあげること（体制化）が大切です。そうすることで、色々な場面で柔軟に使いこなすことができる知識になるからです。精緻化と体制化については、具体的に予習方法や復習方法を考えていく時にもあらためて触れることになりますので、勉強に取り組む時のキーワードとして、ぜひ押さえておいてください。

では次の章では、勉強の時に使える具体的な工夫について説明していきます。

第2章

勉強はやり方次第

†学習方略とは？

先生：みなさん、勉強をする時に自分なりに工夫していることはありますか？

A：私はスケジュールを作るようにしています。中間とか期末とか、定期テストがあったら、それに向けて、いつ何をやるかを書くようにしています。勉強する時の工夫というとこんな感じです。

B：なるべくまとめられるものはまとめるようにしてます。理科の勉強だと分類の話とかよく出てくるんですけど、いろんな植物を被子植物と裸子植物に分けて表にしてみたり、単子葉類と双子葉類に分けて表にしてみたり。

C：私は覚えるのが苦手で、とにかく繰り返すようにしています。英単語も30回は書くようにしてますし、数学の問題も何回も解いて体に覚えさせるようにしてます。

D：工夫って言われてもあまりピンとこないんですけど、用語集みたいなのは作ってます。たとえば歴史の人物とか事件があったら自分なりに説明を作ってみたりしてます。

読者のみなさんは勉強をする時にどんな工夫をしているか聞かれたらどう答えるでしょうか。教育心理学では、勉強するときの様々な工夫を「学習方略（learning strategy）」と呼んでいます。ストラテジー（strategy）という言葉は目標を達成するための「作戦」とか「戦略」という意味です。「ちゃんと理解して力をつける」「テストでいい成績をとる」という勉強の目標を達成するために行っている工夫のことを研究の文脈では学習方略と呼ぶのです。

これまでの心理学の研究では、学習方略を大きく「認知的方略」と「メタ認知的方略」に分類してきました（図表2－1）。

認知的方略は教科書の内容を理解する時や問題を解く時など、私たちが目の前にある情報を処理する時にやっている工夫を指します。第1章でも説明したように、簡単に言って

	方略の名前	特徴	具体例
認知的方略	反復方略	単純に繰り返す	覚えるまで何度も書く 何回も口に出して言う 繰り返し問題を解く
	精緻化方略	既有知識と結びつける	根拠（なぜ）を押さえる 自分の言葉で言い換える イメージを活用する
	体制化方略	整理する	似た情報をまとめる 対比的な情報をまとめる 図や表で情報を整理する
メタ認知的方略	モニタリング	自分の学習をチェックする	自分で自分に質問をする どこまで理解できているかチェックする
	プランニング	計画を立てる	勉強の計画を立てる 勉強の目標を設定する
	コントロール	自分の学習を調整する	読む速さを調節する 重要なところに注意を向ける 自分のやる気を調整する

図表2－1　勉強での工夫（学習方略）の種類

しまえば「認知」とは「情報処理」のことです。そのため、情報処理の仕方に関する工夫を認知的方略と呼ぶわけです。

たとえば、勉強で工夫していることは何かと聞かれた時に、Bさんは情報をまとめて覚える、Cさんはとにかく繰り返して覚えると言っています。また、Dさんは自分なりの説明を作ると言っています。これらはすべて、「目の前の情報を頭に取り込むこと」を目標とした時にやっている、情報処理に関する工夫なので、認知的方略と呼べます。

一方、メタ認知的方略は少し複雑です。メタ認知的方略は、勉強をうまくやっていくために、勉強している自分をもう一人の自分がチェックしたり、コントロールしたりするような工夫を指します。「メタ」とはギリシャ語で「一段上の」という意味であり、勉強している自分のことを、一段上から、チェックしたり、コントロールすることから「メタ認知的」というわけです。

たとえば、英単語を覚える時に、思い出せるか自分でテストしてみて、思い出せなかった単語にチェックをつけておくといった経験はないでしょうか。このように、勉強をしている時に、「あれ？　本当にわかっているかな」とか「ちょっと戻って確認してみようかな」というように、自分がどこまで理解できているかを確認することがあります。このような作業をモニタリングと呼びます。自分で自分を監視して、「ちゃんとこの内容のことをわかっているかい？」と自分に問うのがモニタリングというわけです。

また、モニタリングとセットで使用されることが多いメタ認知的方略に「コントロール」があります。たとえば、難しい文章を読んでいて、「よくわからないな」「全然頭に入ってこない」と感じたら、「読むスピードを遅くしよう」「わからなくなったところからもう一回読み直そう」といったことをするでしょう。このようなかたちで、自分の理解状態をモニタリングして、それをもとに、読み方をコントロールするのです。

さらに、自分の注意を調整することもコントロールに該当します。みなさんも授業中、「特に大事だと思う部分に集中して話を聞く」とか、逆に「あまり大切ではないところは聞き流す」といったことをしていると思います。これも自分の認知（情報処理）をもう一人の自分が上から「ここは注意して聞けよ」「ここは気を抜いてもいいぞ」とコントロールしているわけです。

また、自分のやる気を自分でコントロールすることもあります。みなさんは勉強にやる気が起きない時、どうやって自分のやる気を引き出していますか？「このページまで終わったらアイスを食べよう」「今日のノルマを達成したら買い物に出かけよう」といったように、自分で自分にご褒美を用意する人が多いのではないでしょうか。このような工夫をしている場合、自分のやる気を自分で調整しているので、コントロールというメタ認知的方略を使っていることになるわけです。

この他にも、プランニングと呼ばれるメタ認知的方略もあります。「きちんとプランを立ててから取り組もう」なんて言ったりしますが、それがプランニングです。

冒頭の先生からの質問に対する、Aさんの答えを思い出してみましょう。このAさんが行っている、勉強をする時に何からどの順番で勉強を進めていくか計画を立てるのはまさにプランニングです。

1カ月後に定期考査があるということがわかっていて、試験範囲も知らされているとします。この状況で、「試験の1週間前までにはここまで終わらせていないとダメだな」「試験の2週間前までにはここまで終わらせていた方がいいな」「じゃあ試験の3週間前までにはここまでは……」「となると今日から1週間の過ごし方はこんな感じでいこう」と計画を立てる。こうしたプランニングは特に長い期間、勉強に取り組まなければならない時にとても大切になってきます。

たとえば、大学受験では、1年単位で試験本番に向けて勉強に取り組まなければなりません。筆者は1カ月ごとに目標を決めて、そこから逆算して1日ごとにどの教科の、どの問題集を、何ページやるのかを「メニュー」としてカレンダーに書き込んでいました。さらに、ちゃんと終わったらメニューを一つずつ線で消して達成感を維持しました。当時は自分で決めた課題を自分でこなしていく感覚が気持ちよくてやっていたのですが、これは今思えばプランニングを実践していたことになります。

学習方略の大枠の説明を終えたところで、本章では特に認知的方略について、どのような種類があるのか、色々な教科の勉強でどのような工夫をすることになるのか、どのような効果が期待できるのかなどを詳しく見ていきます（メタ認知的方略については次章で詳しく説明します）。

†認知的方略

何かを覚える時に、どのように処理をして頭の中に取り込んでいくか、何かを読んで理解する時にどのような処理をするか、といった情報処理に関する工夫を、認知的方略と呼びます。

ここでは、その具体例として、英単語を覚える時の認知的方略に焦点を当てた研究を見ていきましょう（堀野・市川 1997）。

この研究は、まず予備調査として、高校3年生に「日頃どのようにして英語の勉強をしているか」をできるだけたくさん、自由に書き出してもらいました。高校生が英語の勉強で行っている学習方略についてのデータを集めたわけです。その上で、それぞれの学習方略をどのくらい使っているかを尋ねる質問項目を作っていきました。

心理学には、因子分析と呼ばれる分析手法があります。これは、「項目Aに「よくやっている」と回答した人は、項目Bでも「よくやっている」と回答する傾向が強い」など、回答の傾向をみつけるための手法です。この分析手法を使えば、さきほど集まった、一見バラバラに見える学習方略のなかに、似た工夫と言える「グループ」が見つかるのです。この研究では、予備調査の結果、15個の工夫が得られていましたが、これらについて因子分析を行ったところ、「反復方略」「イメージ化方略」「体制化方略」の三つに分かれることが明らかになりました。具体的な工夫の内容は図表2-2の通りです。

ここで混乱するといけないので、上記の研究のイメージ化方略についてもう少し説明を加えておきます。たとえば、「カエル、ショウボウシャ、バナナ……」と単語を次々と読み上げられて、それを覚えなければいけないと言われたら、みなさんだったらどうするでしょうか。読み上げられた言葉をそのままブツブツと頭の中で繰り返して覚えるでしょうか。それとも、カエル、消防車、バナナについて、イメージを持っているので、それを使って、単語が読み上げられた時に、「カエルがバナナを持って消防車に乗っている」というイメージを思い浮かべて覚えるでしょうか。ただ繰り返して覚えるのは上記の例でいえば、反復方略です。一方で、イメージを活用して覚えるのは、イメージ化方略です。この「イメージを活用する」という方法は、前章で説明した精緻化に該当するものです。その

方略の名前	工夫の内容
反復方略	手と頭が完璧に覚えるまで何度も書く 英語から日本語、日本語から英語へと何度も書き換える 新しいわからない単語にラインを引いておく 発音しながら単語を書く わからない単語をチェックペンとシートを使って意味と単語をくりかえし覚える
イメージ化方略（精緻化方略）	単語のスペルを頭の中に印刷の文字ごと浮かぶようにイメージする 単語をながめながらアルファベットの記号の雰囲気をつかむ 頭の中に単語がイメージできるように何度も見る 何か他の単語と関連させて連想できるようにして覚える 発音が何か他の別の言葉（日本語）に似ていたら語呂合わせをする
体制化方略	１つの単語の色々な形（名詞形・動詞形）を関連させて覚える 同意語、類義語、反意語をピックアップしてまとめて覚える 同一場面で使える関連性のある単語をまとめて覚える 動詞の変化をまとめる スペルが似ている単語、意味が似ている単語はまとめて一緒に覚える 動詞の分類化（自動詞、他動詞）をする その単語を使っている熟語を覚える

図表２－２　英単語の学習方略
出典：（堀野・市川　1997）より作成

ため、これ以降は混乱を避けるためイメージ化方略に関しても「精緻化方略」とまとめて説明していきます。

学習方略に関する研究は、社会科の勉強をする時、文章を読んでいる時、英語の単語を覚える時など、本当に様々な勉強場面に注目してきました。とりわけ、反復方略、精緻化方略、体制化方略という三つの方略は、どの勉強場面でも共通して登場する、かなり汎用性の高い工夫と言えるので、より詳しくみていきましょう。

†反復方略——繰り返す

最初に取り上げるのは、反復方略です。繰り返し書いて取り込む、といったように、積極的に処理を加えないものがこの方略に該当します。

たとえば、英単語を覚える時に、英単語と日本語の訳を何度も繰り返してノートに書いて覚えようとする行為は反復方略になります。単語帳を使って、表に英単語、裏に日本語の訳を書いて、何度もペラペラと見返す人もいるでしょうし、繰り返し口に出して言ってみて、口に覚えさせようとする人もいるかもしれません。

それ以外にも、漢字を覚える時に、漢字ドリルに何度も繰り返して書いたりして覚えようとすることや、赤シートを使って、教科書の大事な語句が消えるようにして、繰り返し見たり隠したりしながら覚えようとするものも反復方略に該当します。数学や理科の問題が解けるようになるために、似た問題を繰り返し解いて体に覚えさせるのも同様です。

学習方略に関する研究では、学習方略と成績の関係を分析して、どんな方略が成績の向上につながるのか、どんな方略はあまり成績につながらないのか、これまで調べられてきました。これまでの研究では、残念ながら反復方略は成績の向上とは関連がないことが報告されています。

41ページで紹介した研究（堀野・市川 1997）では、中間テストの成績と、反復方略、イメージ化方略（精緻化方略）、体制化方略の使用頻度との間にどのような関係があるかを調べています。この研究での中間テストは、（1）授業反復基本テスト（教科書に載っている基本的な内容からの出題）、（2）自由教材基本テスト（夏休みの自由教材からの出題）、（3）応用長文テスト（テストで初めて出題された長文問題）の三つで構成されたものでした。

それぞれテストの内容に違いはありましたが、反復方略の使用とそれぞれのテストの結果を分析したところ、どの結果とも関係が見られていませんでした。つまり、反復方略をたくさん使っても、成績がよくなることはない、ということがわかったのです。

似たような結果は他の研究でも得られています（内田 2021）。この研究では、中学1年生から高校3年生までを対象として、英単語をどうやって勉強しているかと、どのくらいの英単語を覚えているかの関係を調べたものになります。

この研究でも、中学1年生から高校3年生まで一貫して、「何度も繰り返し見たり書いたりする」などの反復方略と、記憶している英単語の数には関係が見られていませんでした。残念ながら、こうした結果からは、反復方略が英単語のボキャブラリーを増やす上であまり貢献していないことがうかがえます。

†効果的な繰り返し方とは？

反復方略が学習にあまり貢献していないという研究結果を紹介してきましたが、ここで注意が必要です。それは、繰り返すこと自体が決してダメなことではないからです。単に繰り返せばよい、量をこなせばよいと思うことがいけないのであって、反復方略にも使える面はあります。

ここで少し反復の工夫について考えておきましょう。心理学では、何かを覚える時に短期間に一気に学習した方がよいのか、間隔を置いて繰り返し学習した方がよいのかについて、議論されてきました。前者を集中学習、後者を分散学習と呼んでいます。これに関する様々な実験の結果、分散学習の方が効果があることがわかっています。

つまり、反復して学習をするなら、間隔を置いて学習した方が記憶に定着するというわけです。ではどのくらいの間隔を空けて、覚える、思い出す、覚え直すという作業を行えばよいのでしょうか。

ここでは分散学習の間隔について調べた実験を紹介しましょう（水野 1998）。この研究は、いくつもの単語を3回繰り返して見せ、どのくらいの間隔が空いている時に一番思い出せるのかを調べたものになります。

一つ目の実験では、同じ単語を2回目、3回目と見る場合、回数が増えるほど、忘れるスピードが緩やかになっていくかどうかを調べました。実験に参加した30名の大学生に対して、PC上で「宣言」「色彩」「海軍」などの単語と、意味をなさない非単語を一つにつき1・5秒提示して、提示されたのが単語ならYES、非単語ならNOのキーをできるだけ早く正確に押すように指示しました。

この時、同じ単語が3回出てくるようにしておき、同じ単語が2回目や3回目に登場するまでの間隔を変化させて、どのくらい間隔を空ける（どのくらい別の刺激の判断をしている）と反応時間がどのくらい長くなるのかを調べました。ある単語を見たことを覚えていれば、またその単語が出てきた時にはすぐに単語か非単語か判断できるはずです。この実験で反応時間が長くなるということは、「別の刺激について判断している間に、その単語を見たことを忘れていて、時間がかかってしまった」ということを意味します。

実験の結果、1回目と2回目の間では別の刺激5個分、2回目と3回目の間では別の刺激8個分空いた時に反応時間が一番遅くなっていました。これは言い換えれば、1回目から2回目の間の忘れるスピードより、2回目から3回目までの忘れるスピードの方が遅かったということです。何度も見ていれば、だんだんと記憶に残り、忘れるスピードが緩やかになるという結果は、直感的にも納得できるものではないでしょうか。

そして、本題はここからです。二つ目の実験では、2回目、3回目と同じ単語を覚える場合、どのくらいの間隔を空けると一番記憶に残るのかを調べました。

実験に参加した42名の大学生に対して、PC上に「伝統」「対策」「親友」などの単語を1・5秒ずつ提示していき、提示されたものをできるだけたくさん覚えるように伝えました。その時、同じ単語が3回出てくるようにしておき、2回目、3回目に出てくるまでの間隔を変化させていきました。

その結果、ある単語が1回目に出てきてから2回目に出てくるまでに別の単語5個分の間隔が空いていた時、また、2回目に出てきてから3回目に出てくるまでに別の単語8個分の間隔が空いていた時に、一番その単語を覚えていられたことがわかりました。なぜこのような結果になったかと言えば、一つ目の実験で示されているように、その間隔が「忘れかけるタイミング」だからです。同じものを忘れないうちに集中して何度も学習するよりも、忘れかけている時にもう一度学習する方が、記憶の復活度合いが大きくなります

（これを再活性化と呼びます）。

二つの実験の結果は、（1）学習する回数が多くなるほど忘れるスピードは緩やかになる、（2）忘れかけるタイミングの時にもう一度学習すると記憶に残りやすくなる、ということを意味しています。集中学習よりも分散学習の方が効果的だということは、心理学の世界で長く指摘されてきましたが、この研究では、「分散学習をする場合は、忘れかけた頃にもう一度学習するとよい」という、より具体的なポイントを示してくれていると言えるでしょう。

では、これらの実験からわかったことを生かして、反復して学習する際の注意点を考えてみたいと思います。

例えば英単語を覚えていく時、覚えたい単語リストについて、まずは全体的に自分の記憶をチェックしてみて、覚えていなかった単語にチェックを付けていきます。この時点で一度、「思い出す」「覚え直す」という作業をしているので、あとは先の実験で示されているように、「忘れかけたタイミング」で2回目の学習、3回目の学習を行っていけばよいということになります。

重要なことは、単語リスト全部をとにかく何回も繰り返し覚えればよいというわけではないという点です。すでに覚えている単語に時間をかけるのは効率がよくありません。一方で、苦手なもの、怪しいものは何度もやる必要があります。加えて、苦手なものについてもただ繰り返すのではなく、その間隔を工夫しましょう。

前にも述べたように、これまでの学習方略の研究では、反復方略と成績との関連が見られていませんでした。これは、これまでの研究が「あまり考えずにひたすら繰り返す」という反復方略を対象としていたためであって、「工夫しながら繰り返す」といったことについては、まだはっきりとした研究結果が集まっていません。

勉強はやり方が大切ですが、学習量も大切であることは間違いありません。当然やらないよりやった方がよく、その上で、どうやったらより効率よく身につくかを考えていくことが重要になります。つまり、「量より質が大事」というより、「量だけではなく質も大事」といった考え方を持っておくことがポイントだと言えるでしょう。

†精緻化方略——自分の知識とつなげる

たしかに使い方によっては意味がある反復方略ですが、目の前の情報をそのまま取り込もうとしている点では、あまり「工夫」しているとは言えないでしょう。その点、情報にひと手間、処理を加えているのが、精緻化方略や体制化方略になります。第1章で、自分なりに噛み砕いたり、意識的に自分の知っていることとつなげる作業を「精緻化（elaboration）」と呼ぶことはすでに説明しました。精緻化方略とはまさに、こうした作業を積極的に行う工夫を指します。次はこの精緻化方略について詳しくみていきましょう。

†イメージを利用すると覚えやすい

精緻化と言える工夫にはいくつか種類があります。41ページの実験であげたような、イメージをうまく使う方法も精緻化方略のひとつです（堀野・市川 1997）。

イメージを使うことの利点は、情報を圧縮できる点です。先ほどの例で言えば、「カエル、ショウボウシャ、バナナ……」と読み上げられた単語をそのまま頭に詰め込もうとするのは大変ですが、カエルがバナナを持って消防車に乗っている絵を頭の中にイメージしてしまえば、一つの情報で済むわけです。

イメージとして頭に残す工夫は、英語の前置詞の勉強などでよく使われるのではないでしょうか。「on」はどういう状態で「off」はどういう状態なのか、「on」と「off」のイメージをそれぞれイラストにしたり、「to」は向かっている様子、「for」は誰かのためを思っ

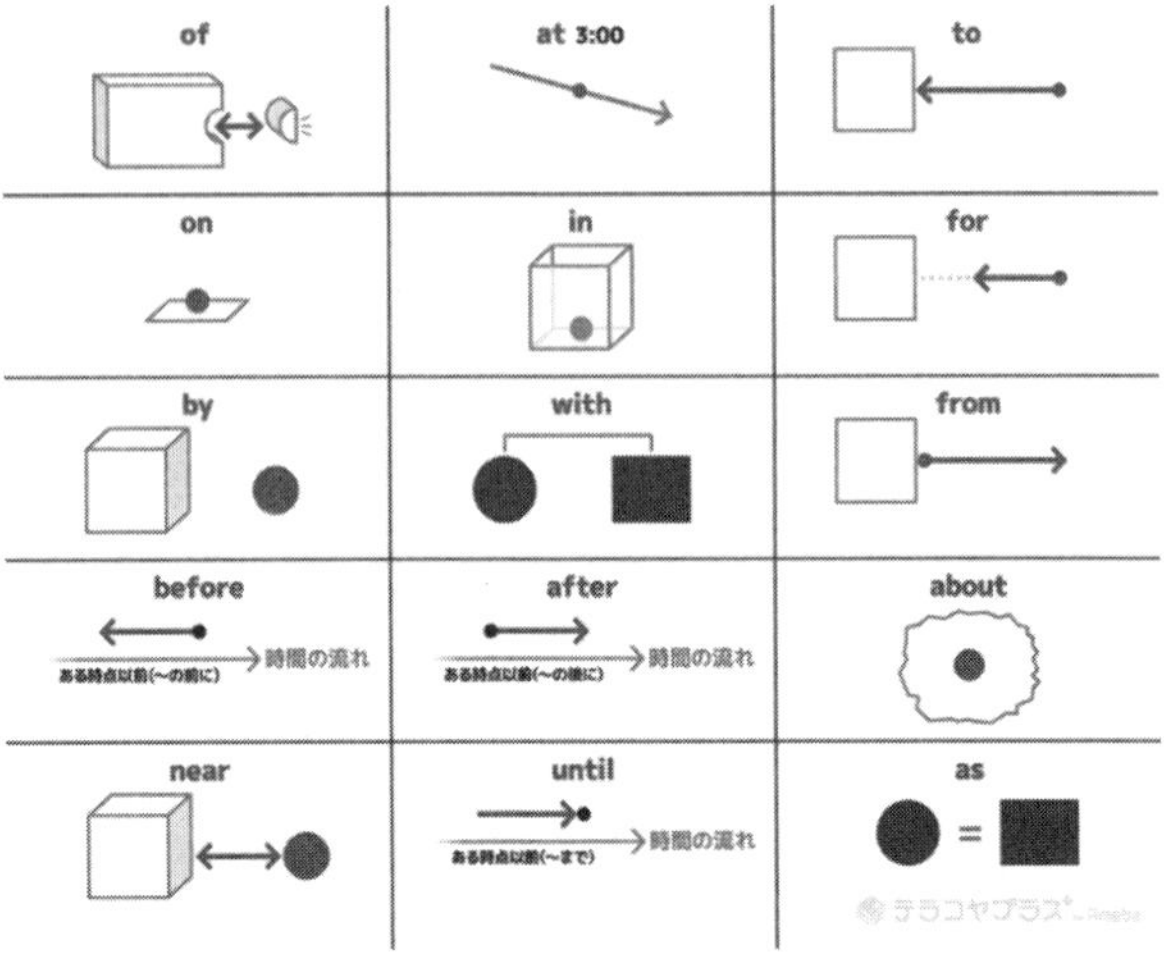

図表2-3　イメージを利用した英語の勉強の例
出典：テラコヤプラス

ている様子（届かないこともある）をイラストでイメージしておくと、だいぶ頭に残りやすくなります（図表2-3）。

意味を付け加えると覚えやすい

私たち人間の情報処理の仕組みでは、何かを覚える時に、意味もわからずに覚えようとすると、とても苦労します。ならば、無理やりにでも自分の知っていることと結びつけて、意味を付け加えよう。こうした工夫の代表例が語呂合わせです。

語呂合わせがよく使われるのは歴史の年号を覚える時です。平安京に遷都したのは794年ですが、それを「鳴くよウグイス平安京」と覚えたり、応仁の乱が起こった1467年は「一夜《ひとよ》むなしく応仁の乱」、種子島に鉄砲が伝わった1543年は「以後染みわたる鉄砲伝来」として覚えたりします。本来、794、1467、1543といった数字列に「意味」はありません。それを歴史の出来事と無理やりくっつけて、数字に意味を持たせて覚えているわけです。

数学の勉強では平方根の語呂合わせが有名かと思います。$\sqrt{2}$は「一夜一夜に人見ごろ」、$\sqrt{3}$は「人並みに奢れや」、$\sqrt{5}$は「富士山麓オウム鳴く」と覚えたりします。三角関数の加法定理は $\sin(\alpha+\beta)=\sin\alpha\ \cos\beta+\cos\alpha\ \sin\beta$ ですが、これを「咲いたコスモスコスモス咲いた」として覚えたり、3倍角の公式の $\sin 3\theta=3\sin\theta-4\sin^3\theta$ は「サンシャイン引いて夜風が身に染みる」と覚えるのは有名です。

また、化学の元素記号を覚える時に使う語呂合わせは多くの人も覚えがあるでしょう。人によって、時代によって、多少の違いはありますが、「水兵リーベ僕の船、なー曲がるシップス・クラークか」と覚えたりします。このような語呂合わせはリズムも使いながら、本来意味を持たない文字列に意味を付け加えている例です（図表2-4）。

語呂合わせのように、本来意味を持たないものに意味を付け加えるという工夫も大切で

歴史の年号

794年　平安京遷都→ 鳴くよ（794）ウグイス平安京

1467年　応仁の乱 → 一夜むな（1467）しく応仁の乱

1543年　鉄砲伝わる → 以後染み（1543）わたる鉄砲伝来

数学の公式

$\sin(\alpha+\beta)=\sin\alpha\cos\beta+\cos\alpha\sin\beta$

→咲いたコスモスコスモス咲いた

$\sin 3\theta = 3\sin\theta - 4\sin^3\theta$

→サンシャイン引いて夜風が身に染みる

化学の元素記号

H 水素、He ヘリウム、Li リチウム、Be ベリウム、B ホウ素、C 炭素、N 窒素、O 酸素、F フッ素、Ne ネオン、Na ナトリウム、Mg マグネシウム、Al アルミニウム、Si ケイ素、P リン、S 硫黄、Cl 塩素、Ar アルゴン、K カリウム、Ca カルシウム

→水兵（H、He）リーベ（Li、Be）僕の（B、C、N、O）船（FNe）なー（Na）曲がる（Mg、Al）シップス（Si、P、S）クラークか（Cl、Ar、K、Ca）

図表2-4　色々な教科の語呂合わせの例

すが、理由や理屈があるものについては、きちんとそれを理解しながら覚えることももちろん大切です。これは、一見地味な感じに見えますが、どの教科の、どの単元でも使えるものすごく汎用性の高い、効果的な勉強法です。

ここでは、意味がわかると記憶に残りやすくなることを示した有名な実験を紹介しておきましょう（Bransford & Stein 1984）。

この実験では、「眠い男が水差しを持っていた」「太った男が錠前を買った」など、実験参加者に短い文をたくさん見せて覚えてもらいました。みなさんも、実験参加者になったつもりで想像してもらえばわかると思いますが、一つ一つは短い文でも、いろんな文をいくつも見せられると誰が何をしたか混乱してしまってとても覚えきれなくなってきます。

そこで、先ほどのような短い文を見せた場合と、「眠い男がコーヒーを入れるために水差しを持っていた」「太った男が冷蔵庫の扉にかけるための錠前を買った」といったように、長い文を見せた場合で、記憶への定着が異なるかどうかを調べたのです（図表2－5）。

記憶テストを行った結果、後者の、長い文を見せた時の方が、記憶成績がよくなっていることがわかりました。ものすごくシンプルに考えると、この結果は奇妙です。長い文の方が情報の量が多くなっているわけですから、覚えるのは大変なはずです。しかし、実際、

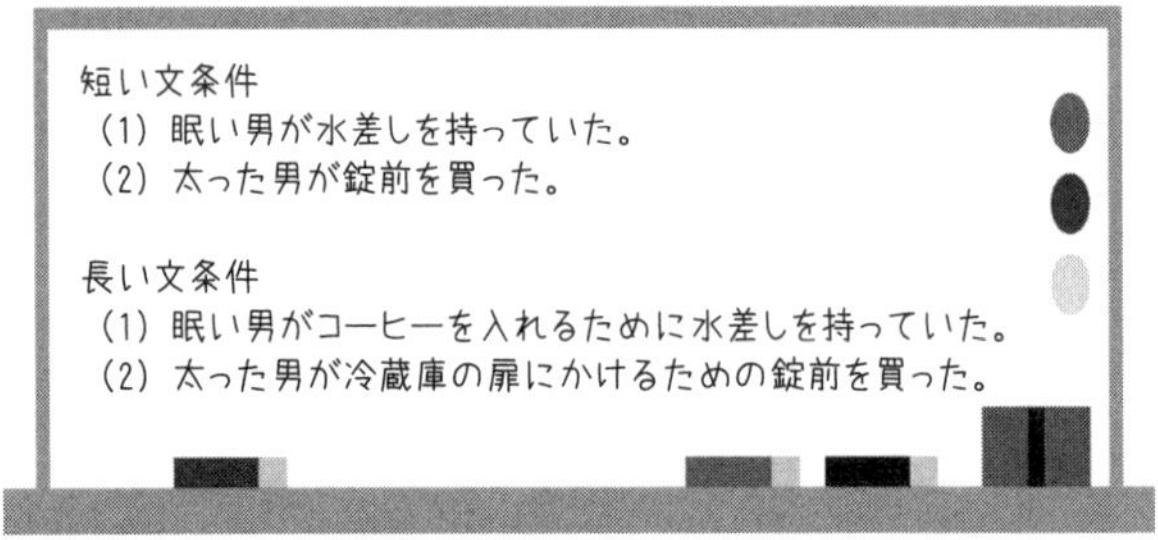
短い文条件
(1) 眠い男が水差しを持っていた。
(2) 太った男が錠前を買った。
長い文条件
(1) 眠い男がコーヒーを入れるために水差しを持っていた。
(2) 太った男が冷蔵庫の扉にかけるための錠前を買った。

図表2-5 理由がつくと覚えやすい
出典：Bransfordらの実験より作成

短い文と長い文を見比べてみると、長い文の方が覚えやすそうだと感じませんか。

余談ですが、筆者が大学院時代に所属していた研究室では「学習法講座」といって、心理学をもとにした効果的な勉強法を教える講座を小学生、中学生、高校生に実施していました（今でも学校に招かれてそうした講座を行うこともあります）。その時に、教室の左右で生徒を分けて、このBransfordたちの実験をアレンジして試してみたことがありました。

生徒たちには内緒で、教室の左半分の生徒には短い文のリスト、右半分の生徒には長い文のリストを配って内容を覚えてもらいました。その後、テストをして左右で成績を比べると、長い文のリストを配った右半分の方が成績がよくなります。その後、ネタばらしとして、左右で違うリストを配っていたことを伝えると、短い文のリストを配られた左半分の生徒たちはこぞって「長い文の方が絶対覚えやすいじゃん。これはズルいよ！」と文句を言ってきます。

実はここがポイントで、情報が多い分覚えるのが大変なはずなのに、私たちはパッと見ただけで長い文のほうが、「覚えやすい」という感覚を得るわけです。なぜ長い文の方が覚えやすいかと言えば、そこに「理由」が付いているからです。

私たちはすでに「コーヒーは眠気覚ましに役に立つ」「コーヒーを入れるには水差しが必要」といった知識を頭の中に持っています。「眠い男が水差しを持っていた」と言われても、「眠い男」と「水差し」のつながりの必然性がわからないので丸暗記をせざるを得ません。それが、「コーヒーを飲むため」という理由が付くことによって、「コーヒーは眠気覚ましに役に立つ」「コーヒーを入れるには水差しが必要」という知識と結びついて、「眠い男」が「水差し」を持っていることが必然に変わります。

「太った男」と「錠前」についても、短い文ではつながらないので覚えづらいでしょう。しかし、「太った男は食いしん坊だ」「冷蔵庫の食料を守るには錠前が必要」といった知識やイメージが頭の中にあるので、「冷蔵庫の扉にかけるための」という情報が付け加わるだけで、「太った男」と「錠前」が自分の持っている知識と結びつき、意味が通るのです。

このように、意味がわからない情報に「理由」を付け加えて意味がわかるようにすることが「精緻化」です。Bransfordたちの実験では、この精緻化の効果が示されているわけです。

†色々な教科での精緻化方略

では、これまで説明してきた、意味を付け加える精緻化方略は、どのようにすれば普段の勉強に使えるでしょうか。Bransfordたちの実験で付け加えられていたのは「理由」に関する情報でした。それをヒントにするなら、普段の勉強でも、学んでいる内容をそのまま暗記するのではなく、「なぜそうなるのか」という理由を考えておくとよいといえるでしょう。

たとえば、英単語の勉強の例で考えてみましょう。「import」という英単語は「輸入する」という意味です。反復方略を使ってこれを覚える場合、「import＝輸入する」という、英単語と日本語の訳を何度も繰り返し書くことになります。精緻化方略を使う場合は、まずこの「import」という英単語を、「中に」という意味の接頭語の「in（im）」と、港という意味の単語である「port」に分解します。そして「港の中に物を取り入れるから輸入なんだな」と押さえながら覚えます。こうすることで、「なぜこの英単語が輸入するという日本語訳になるのか」について、「in」や「port」といった自分の知識を使いながら理解しなおすことができるのです。

こうした英単語の勉強の仕方は「構成要素法」と呼ばれています（市川 2007）。要は、英単語を構成する要素に分解して、「なぜ」を理解して覚えてしまおうというわけです。

この方法の優れたところは色々な単語に応用が効くところです。たとえば、「export」は輸出という意味ですが、「ex」は「出る」という意味の接頭語です。先ほども説明したように、「port」は「港」という意味の単語ですから、「港の外に物を出すから輸出だ」と、英単語の訳の「なぜ」を理解することができます。また、「transport」は「輸送する」という意味の英単語ですが、「trans」は「変える」という意味の接頭語なので、「transport」は「港から港へと変えること」となり、「輸送する」という意味だと理解することができます。

この方法は英単語のみならず、漢字にも応用できます。漢字の「へん」と「つくり」に注目して、「手に関係するからてへんがついているのか」とか「植物に関係しているからくさかんむりがついているんだな」とか、自分なりに意味を噛み砕いて覚えようとするこ

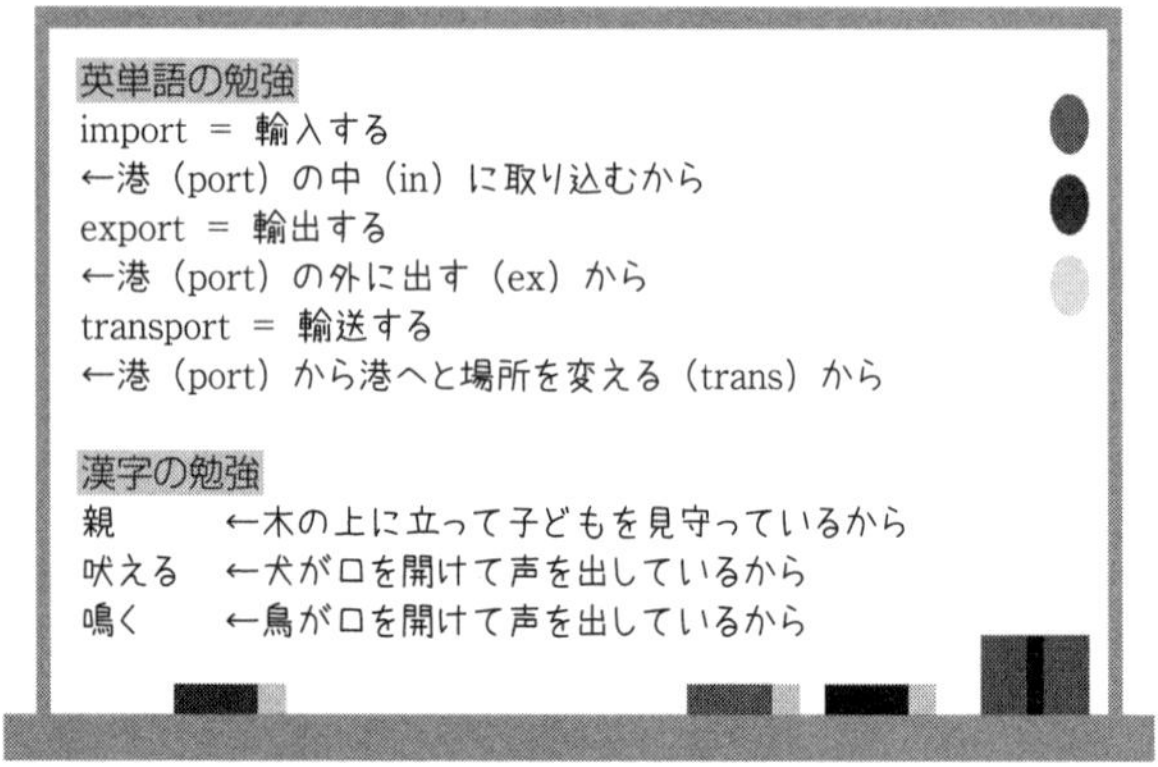
英単語の勉強
import ＝ 輸入する
←港（port）の中（in）に取り込むから
export ＝ 輸出する
←港（port）の外に出す（ex）から
transport ＝ 輸送する
←港（port）から港へと場所を変える（trans）から
漢字の勉強
親　←木の上に立って子どもを見守っているから
吠える　←犬が口を開けて声を出しているから
鳴く　←鳥が口を開けて声を出しているから

図表2-6　意味を付け加える勉強の仕方の例

とは、精緻化方略を使っていることになります。

ほかにも、「親」という漢字は、木の上に立って子どもを見守っているからこのように書くのだと理解すれば精緻化方略を使っていることになります。犬が口を開けて声を発せば「吠える」、鳥が口を開けて声を発せば「鳴く」となります。このように「なぜこの漢字はこう書くのか」を押さえることで記憶に残りやすくなります（図表2-6）。

ここまでは英単語や漢字といった言葉に関する精緻化方略を説明してきましたが、次は頭にいれなければいけない内容がもう少し長くなった場合、どのように工夫するのがよいのかを解説していきましょう。

歴史の勉強で、「なぜこの人物はこんな事件を起こしたのだろうか」「なぜこの国はこんな行動をとったんだろうか」を押さえるのも精緻化方略です。

教科書には「この年にこんな事件が起こった」「この国はこのような行動をとった」といったように、歴史上の事実が記述されていますが、出来事の背景や因果関係の説明までは詳しく書かれていないことがあります。確かに、すべて記述していたら、歴史の教科書はものすごいページ数になってしまいます。そのため、授業では、出来事の背景や因果関係など、歴史の「なぜ」を深く教えてくれます。そして、テスト勉強では、授業で教わった「なぜ」を押さえていくことが重要となります。

たとえば、飛鳥時代・奈良時代には「大化の改新」「三世一身の法」「墾田永年私財法」「荘園の拡大」といったことが起こりますが、年号だけを頼りにこれらの順番を覚えるのはなかなか大変です。そんな時は、「なぜ」を押さえながら、出来事同士の因果関係を理解することが有効です。

大化の改新の時に、口分田を国民に分け与える方針を立てたわけですが、そもそも口分田を与えるようにしたのは、国民に土地を耕して作物を育ててもらい、その一部を税として国に納めさせたいからです。しかし、この制度だと税をとられるので、新しい土地を開拓するモチベーションはなかなか湧きません。そうすると、だんだん田んぼが足りなくなってしまいます。

そこで、統治者は、新しく田んぼを開墾した人にご褒美をあげればよいと考え、「自分で田んぼを新しく耕したら、親子三代だけ自分たちのものにしてよい」という三世一身の法を定めたわけです。それでも、どうせ私有できるのは三代だけで、結局国に没収されてしまうのであれば、そこまでモチベーションは湧きません。

そこで次なる手として打たれたのが墾田永年私財法です。これは「自分で田んぼを新しく耕したら、永久に自分のものにしてよいよ」という法律です。これによって土地を新たに開拓させることに成功したわけです。ただし、こういう法律を作ると、人を使って私有地を増やしていく人たちが出てきます。このようにして出来上がった私有地が「荘園」です。つまり、墾田永年私財法を定めたことで、「荘園が拡大」してしまったわけです（図表2-7）。

このように、「なぜ口分田を与えたのか」「なぜ三世一身の法を定めたのか」「なぜ墾田永年私財法を定めたのか」を押さえてしまえば、出来事の順番を覚えることはそんなに大変なことではありません。「歴史は物語なのだから、つながりを理解することが大事だ」

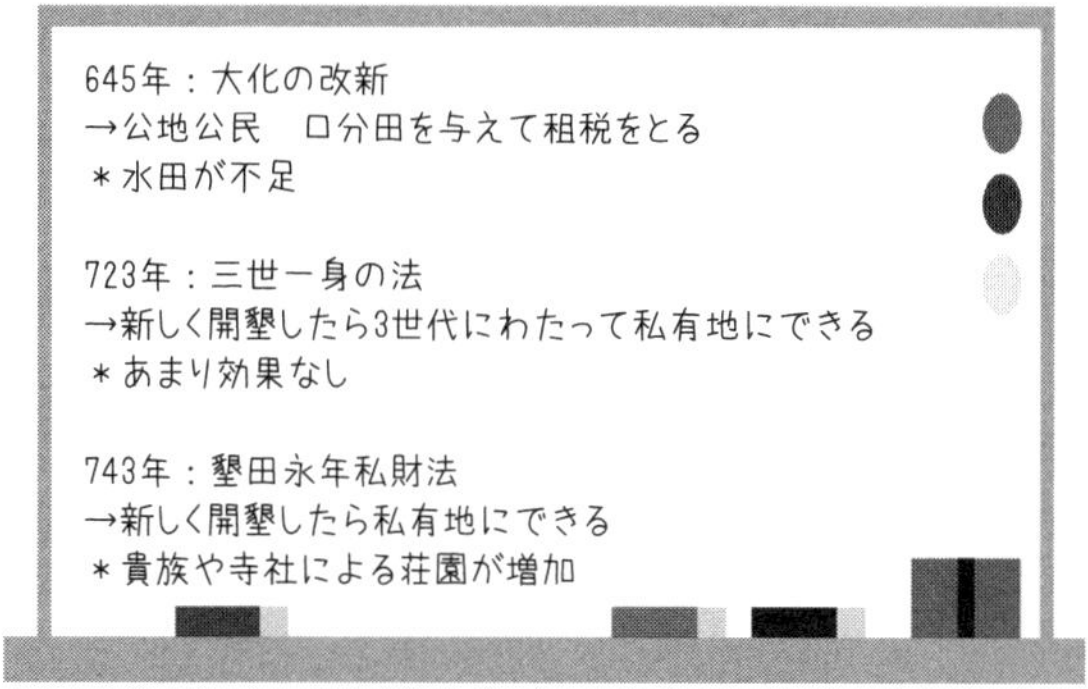
645年：大化の改新
→公地公民　口分田を与えて租税をとる
＊水田が不足
723年：三世一身の法
→新しく開墾したら3世代にわたって私有地にできる
＊あまり効果なし
743年：墾田永年私財法
→新しく開墾したら私有地にできる
＊貴族や寺社による荘園が増加

図表2-7　意味を付け加えながら歴史の勉強をする例

と言っても、つながりを理解するとはどういうことか、具体的にどうやればよいのかがわからなければ、普段の勉強に生かすことができません。ポイントは「なぜ」を押さえることです。「なぜ」を押さえると、知識につながりを作り出すことができて、グッと頭に残りやすくなるのです。

この方法はもちろん理系の分野にも応用できます。

数学や理科の勉強をする時にも、精緻化方略を使って、「なぜこの解き方で答えが出るのか」「なぜこの公式が成り立つのか」を自分なりに説明しながら学んでいくとよいでしょう。

たとえば、2次関数の解の公式は、頑張って覚えるものでもなく、自分で求めることができます。また、先ほど三角関数の3倍角の公式を語呂合わせで覚える方法を紹介しましたが、倍角の公式を押さえておけば、3倍角の公式も自分で求めることができます。「なぜこの式が成り立つのか」を押さえてしまえば、一生懸命覚える必要はなくなるわけです。

意味を見出す、意味を付け加えることが精緻化方略の特徴です。たとえば1次関数のグラフ（y＝ax+b）について考えてみましょう。実はこのグラフ一つでも、「aが傾きを表す」「aが正ならxが大きくなるほどyも大きくなるのでグラフは右肩上がり、負ならその逆なので右肩下がりになる」「y軸と交わるところはxが0の時にyが何になるかを表す」「xが0の時はyは必ずbになるので、y軸と直線の交点の座標は（0,b）になっている」などなど、自分なりに意味を押さえておくことはたくさんあります。

このように単にグラフの特徴を覚えようとするのではなく、「～なので」といったように、理由を押さえながらそのグラフの特徴を理解することで理解の度合いは変わってきます。

数学が苦手な人の中には、公式を一生懸命覚えたり、模範解答の解き方を覚えようとする人がいます。このように意味もわからずに頭に詰め込んだだけでは、まったく同じ形で、数字だけ変えた問題なら解けますが、少し捻った問題になるとまったく太刀打ちできなくなってしまいます。

公式でもグラフでも、「なぜそうなるのか」を押さえておくことで使える知識になるわけです。そのためには、教わった内容を自分の言葉で簡単に言い換えてみたり、授業を受けている時に自分の言葉でメモを取ることを意識するとよいでしょう。こうした作業も、先生が教えてくれたことを自分なりに編集し直している点で精緻化方略といえます。自分の持っている知識を使いながら、自分で意味を付け加えてみたり、「なぜ」を理解したり、学んでいる内容を噛み砕くことが重要なのです。

†精緻化方略と成績の関係

精緻化方略の具体的な方法について、ここまで説明してきました。では、実際にこの方法は成績とどのような関係があるのでしょうか？

ここでは精緻化方略と成績の関係を示した研究を紹介しておきましょう（赤松 2017）。この研究は1年生から3年生までの723名の高校生を対象としてアンケート調査を行っています。この調査では英語の勉強に関する考え方や英語の勉強での方略、そして実際の英語の成績を聞きました。

英語の勉強の方略に関しては、先に紹介した堀野・市川（1997）の質問項目を使い、反復方略（「英語から日本語、日本語から英語に何度も書き換える」など）、イメージ化方略（「単語をながめながらアルファベットの配列の雰囲気をつかむ」など）、体制化方略（「同一場面で使える関連性のある単語をまとめて覚える」など）について、それぞれどのくらい使っているか、（1）ほとんど使わない、から（7）とてもよく使う、までの7段階で回答してもらいました。

また、この研究では、「声に出しながら発音とセットで覚える」などのような音声記憶方略についても、どのくらい使っているか、同じように7段階で回答してもらいました。学校の成績については、高校1年生は英語Ⅰ、高校2年生は英語Ⅱ、高校3年生はリーディングの直近の成績を、（1）0点―10点から（10）91点―100点までの10段階で回答してもらいました。

このようにして得られたデータをもとに、それぞれの学習方略と、英語の成績の関連を分析したところ、イメージ化方略（精緻化方略）が英語の成績に対して統計的に有意な関連を持っていることがわかりました。また、音声記憶方略も成績と有意な関連を持っていました。つまり、イメージ化方略や音声記憶方略を使っている生徒ほど成績が高い傾向がわかったのです。
一方で、この研究では、反復方略や体制化方略については成績との関係は見られていませんでした。つまり、この調査の対象となった生徒に関しては、反復方略や体制化方略を使っているほど成績がよい、といった傾向は見られなかったのです。先に紹介した堀野・市川（1997）では体制化方略と成績の間に関連が見られ、イメージ化方略（精緻化方略）では関連が見られていなかったので、このあたりは扱うデータによって変動すると言えますが、反復方略が成績と関係しないという結果は安定して見られています。いずれにしても、赤松（2017）の結果からは、英語の勉強ではイメージや発音を大切にしたやり方が有効だということが言えます。

心理学の研究では、精緻化方略のように、自分なりに処理を加えている方略を「深い処理の方略（deep processing strategy）」と呼ぶことがあります。逆に、単に繰り返すだけのようなやり方は、「浅い処理の方略（shallow processing strategy）」と呼ばれます。

深い処理の方略が有効であることを報告している論文を、ここでは紹介しておきましょう（Elliot, McGregor & Gable 1999）。この研究は、心理学を受講している179名の大学生を対象として、心理学の期末テストに向けてどのように勉強したかなどを尋ねて、そこで使われていた学習方略と、実際の期末テストの成績の関係を分析したものになります。この研究では、深い処理の方略と浅い処理の方略に分けて学習方略について尋ねています。

深い処理の方略は、「授業で扱われた内容について、それが成り立つ根拠を考えるようにした」「授業で学んだことをきっかけに、自分なりの考えを出そうとした」など、「なぜ」を押さえたり、自分なりに考えている点で、精緻化方略と言えます。一方で、浅い処理の方略は、「テスト勉強ではできるだけたくさん覚えようとした」「テストに向けて、教科書やノートの重要な情報を覚えようとした」「テスト勉強では教科書やノートを繰り返し読んで覚えようとした」など、とにかく情報を頭に入れようとする表面的な勉強です。

これまでの議論と同じように、分析の結果、深い処理の方略は、成績と関連しており、この方略を使っている生徒ほど成績が高いことがわかりました。一方で、浅い処理の方略はそうした関連は見られず、「浅い処理方略で勉強しても成績が上がるというわけではないこと」がわかりました。

†体制化方略——整理する・まとめる

ここまで反復方略、精緻化方略と説明してきました。最後に、冒頭であげた方略の三つめ、体制化方略について説明していきましょう。

すでに説明した通り、「体制化（organization）」は情報を整理する作業です。そのため、「体制化方略」とは、こうした作業を意識的に行い、情報を自分なりにまとめてみたり、整理する工夫を指します。

たとえば、英語の単語や熟語を勉強するケースを考えてみましょう。この場合の体制化方略としては、いくつかの英単語をグループにしてまとめて覚える工夫が考えられます。グループの作り方はいろいろあるでしょう。同じ意味を持つ単語（類義語）でグループを作ることもできますし、反対の意味を持つ単語（反意語）でペアを作ることもできます。類義語や反意語の便利なところは、類義語でグループを作ったら、それと反対の意味を持つ単語グループとセットにして、さらに大きなグループを作り出せる点です。

たとえば、「出発する」といった意味を持つ単語や熟語をグループとしてまとめます。次に、それと反対の意味の「到着する」に関する単語や熟語もグループにします。そして、出発する系のグループと、到着する系のグループをセットにして、様々な英単語や熟語をまとめて覚えることができるわけです。

また、接頭辞（in-, dis- など）や接尾辞（-tion, cian など）などを活用しながらまとめていくことも可能です。部分的に共通している単語をひとくくりにしてしまうというわけです。

先ほど、精緻化方略の説明の時にも、接頭辞を利用して英単語を勉強する方法を紹介したので、精緻化方略と体制化方略の違いがわかりにくいかもしれません。あらためて確認すると、精緻化方略は「自分の頭の中にある知識を使って処理をする」ものです。

たとえば、inability（無能）、independent（独立した）、incredible（信じられない）を、「冒頭にinが付いている単語」としてまとめて覚える場合を考えてみましょう。「in」という接頭辞が「否定」の意味を持つことを知っているとします。その知識をもとにして「ability（能力）」を否定した単語は「無能」という意味になることや、「dependent（依存）」を否定した単語は「依存しない」、つまり、「独立した」という意味になることを押さえながら、「in」のつく英単語でグループを作っていたのだとしたら、精緻化方略と体制化方略を使っているということになります。

「credit」は信用という意味があります。そのため、クレジットカードは「後でちゃんとお金を払えるだろうという信用のもとで買い物をさせてもらう」カードとなります。それに「in」がつくと、「信用できない」とか「信じられない」という意味になります。こうしたことを考えながらincredibleの訳を覚える場合も、体制化方略と一緒に精緻化方略を使っていることになります。

一方で、もし「最初にinがついている」という見た目の共通点だけでこれらの単語をグループとしてまとめていたら、それは意味を考えずに整理しているので、体制化方略だけを使っていることになります。

英語の勉強では、派生語を利用する方法もあります。一つの単語を覚えたら、それをもとにして名詞形、動詞形、形容詞形、副詞形をまとめて覚えるというものです。英単語が登場するたびに新しい単語として覚えていたら大変です。一つの単語について、その仲間を一緒にしておくことで効率を上げようというのが、体制化方略の大きなポイントです。

他にも、場面や状況でグループを作ってしまうこともできます。たとえば、「買い物場面で使う英単語」として、「price（値段）」「wallet（財布）」「expensive（高い）」「cheap（安い）」「cost（お金がかかる）」などをセットにしてしまうとか、「食卓関連の単語」として「chopsticks（箸）」「plate（皿）」「pot（鍋）」「soy sauce（醬油）」「salt（塩）」などをセットにしてしまえば、やはりバラバラに覚えるよりも効率的です（図表2－8）。

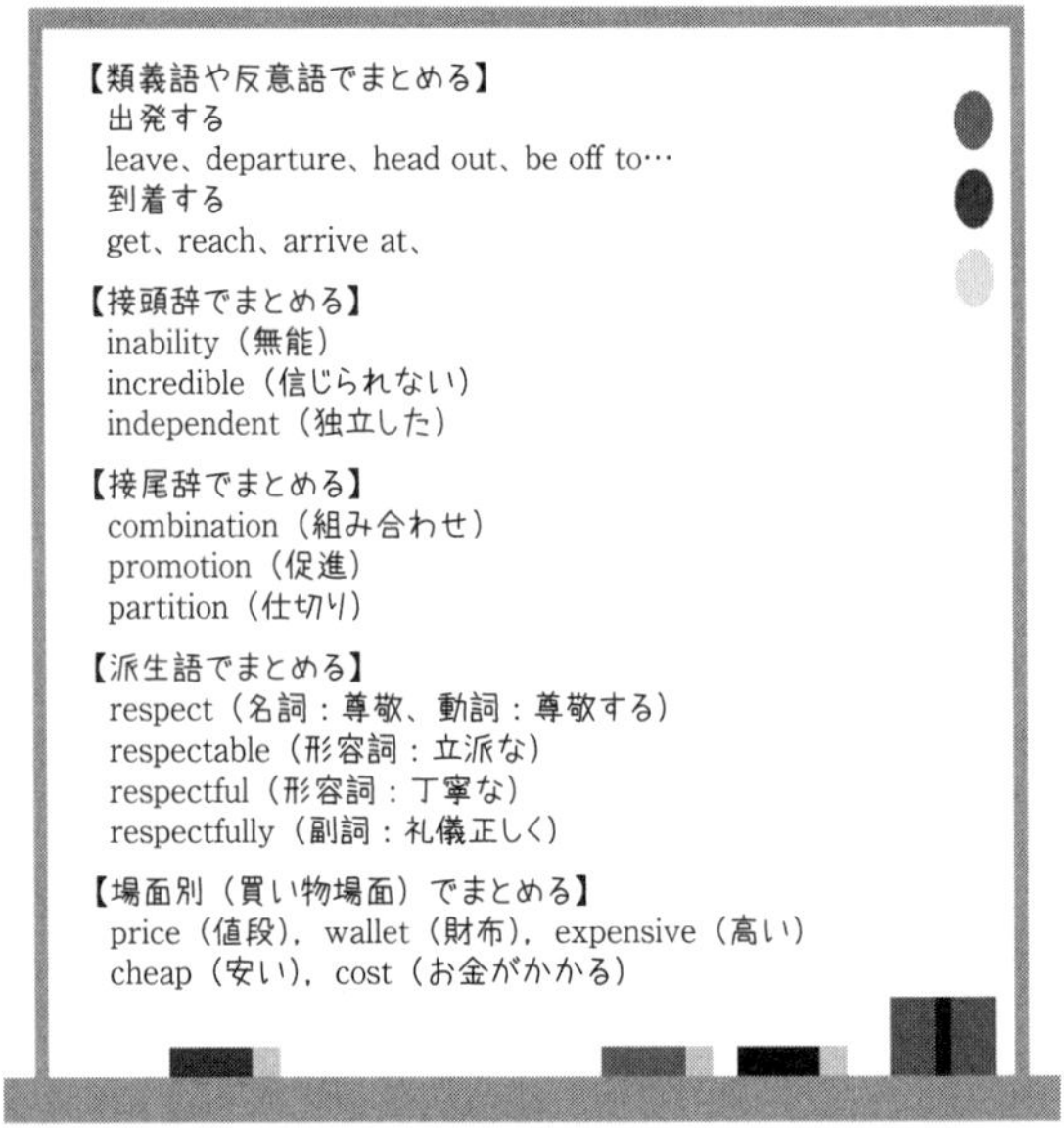

【類義語や反意語でまとめる】
出発する
leave、departure、head out、be off to…
到着する
get、reach、arrive at、
【接頭辞でまとめる】
inability（無能）
incredible（信じられない）
independent（独立した）
【接尾辞でまとめる】
combination（組み合わせ）
promotion（促進）
partition（仕切り）
【派生語でまとめる】
respect（名詞：尊敬、動詞：尊敬する）
respectable（形容詞：立派な）
respectful（形容詞：丁寧な）
respectfully（副詞：礼儀正しく）
【場面別（買い物場面）でまとめる】
price（値段），wallet（財布），expensive（高い）
cheap（安い），cost（お金がかかる）

図表2－8　英単語・熟語での体制化方略の例

色々な教科での体制化方略

　他の教科の例も紹介しておきましょう。国語の勉強であれば、漢字を覚える時に「体に関係する漢字」として「腕」「脚」「胴」「胸」「肺」「臓」「肝」などをグループにしたり、「手に関係する漢字」として、「摑」「握」「投」「撮」「採」「摘」「打」をまとめて覚えることなどが考えられます。ことわざを覚える時に、体制化方略を使って、動物が登場することわざ（犬も歩けば棒にあたる、猫に小

判、豚に真珠、馬の耳に念仏）をグループにして覚えることもできます。

歴史の勉強で、様々な出来事を自分で年表にまとめることも、各時代の文化を「絵画」「彫刻」「建築物」「文学作品」といったジャンルごとにまとめることも、体制化方略と言えます。要は何らかの共通点をもとにグループを作っていけばよいのです。

さらに体制化方略については、少し細かいコツもあります。表にしてまとめる時には、対比できるものや、似ているけど違うものをグループにしていくと、紛らわしい情報をスッキリとまとめることができます。

たとえばこの章の冒頭で、Bさんが、生物の勉強で被子植物と裸子植物を分けて表にしていると言っていましたが、これらの植物にはそれぞれどのようなものが当てはまるのか、かなり紛らわしいので、こうした分類はとても重要です。

歴史上の出来事や人物でも、混乱してしまいそうな情報はたくさんあります。こうした場合は表にして整理しておくと思い出す時に役に立ちます。たとえば、江戸時代の三大改革（享保の改革、寛政の改革、天保の改革）について、その改革の中心人物、具体的な内容を比べられる形で表にまとめておくことは有効でしょう。

筆者は大学受験の時に、秦の始皇帝と前漢の武帝を比較できる表にして整理しました。

この二人はどちらも異民族に対して手を打ったり、国内の経済をうまく回すために工夫したり、やっていることが結構似ていたのです。そこで「ちょっと自分なりに整理しておかないと……」と思ったわけです。表を作って二人がやったことを整理したため、今でもその内容は覚えています。これはほんの一例ですが、その他にも、勉強していて「ごちゃごちゃしているな」「紛らわしいな」と思ったら表を作って整理することは意識的にやっていました。その頃は心理学の知識はなかったわけですが、今思えば、体制化方略を使っていたと考えられます（図表2－9）。

第1章で、体制化（organization）の効果を示した有名な記憶実験を紹介しました（Bowerら 1969）。この実験は、ダイアモンドや銅、鉄など様々な「鉱物」の名前がぐちゃぐちゃな順番で書かれたリストで覚えてもらう人たちと、すっきりと整理された表で覚えてもらう人たちで、どのくらい記憶できたかを比較したものです。結果は、整理された表で覚えた人たちの方がよく覚えていた、というものでした。

先にも紹介したように、筆者は心理学を生かした効果的な勉強法を教える「学習法講座」を小学生、中学生、高校生に実施してきました。その中では、生徒には内緒でこのBowerたちの記憶実験を行いました。

【漢字での体制化】
にくづき（体に関係する漢字）「腕」「脚」「胴」「胸」「肺」「臓」「肝」
てへん（手に関係する漢字）「摑」「握」「投」「撮」「採」「摘」「打」

【ことわざや慣用句での体制化】
動物関係：犬も歩けば棒にあたる、猫に小判、豚に真珠、馬の耳に念仏…
体の部位関係：鼻につく、手を打つ、耳が痛い、足を洗う

【江戸の3大改革】

	享保の改革	寛政の改革	天保の改革
人物	徳川吉宗	松平定信	水野忠邦
政策	上米の制 株仲間の公認 目安箱	囲い米 帰農令 寛政異学の禁	上地令 株仲間解散

【始皇帝と武帝】

	秦の始皇帝	前漢の武帝
対外政策	万里の長城	匈奴遠征（衛青・霍去病）
国内政策	郡県制 度量衡	専売制 均輸・平準法
貨幣	半両銭	五銖銭

図表2－9　国語や歴史での体制化の例

教室の左半分の生徒には、「ラクダ、チーズ、ブロッコリー、レタス、ゾウ、ミルク、ホウレンソウ、シマウマ、トマト、バター、ヨーグルト、カバ」といったように、12個の単語がぐちゃぐちゃな順番で書かれたプリントを配り、右半分の生徒には、「動物」「野菜」「乳製品」というグループ分けがされて、すっきりと整理されているプリントを配った上で、テストをして記憶成績を競わせました。

　そうするとやはり、整理されたプリントが配られた右半分の方が

勝つわけです。その後、ネタばらしとして、配っていたリストが違っていたことを伝え、お互いどんなリストで単語を覚えていたか、プリントを交換させて確認させます。すると、精緻化方略の実験の時もそうでしたが、ぐちゃぐちゃのリストを配られていた左半分の生徒たちから「こうやって整理されていたら覚えやすいに決まってるじゃん！」と不満の声が上がります。ということは、「整理されていた方が覚えやすい」ということが感覚的にわかっているわけです。

英単語も漢字も、歴史の勉強で出てくる様々な情報も、教科書に出てくる順番通りに覚えなければいけないなんて決まりはありません。そもそも私たちは、情報を効率よく処理していくために、無意識的に体制化をしようとする性質を持っています。たとえば、さきほどの「ラクダ、チーズ、ブロッコリー、レタス、ゾウ、ミルク、ホウレンソウ、シマウマ、トマト、バター、ヨーグルト、カバ」というリストを記憶したら、思い出す時には「ラクダ、ゾウ、シマウマ……あとなんだったっけ」といったように、「動物」というカテゴリーは一緒に思い出したりします（この現象をカテゴリー群化と呼びます）。

しかし、学習する内容が複雑になり、扱う量も多くなってくると、体制化を無意識に行うことはできなくなります。だから、自分で意識的に体制化を行うことが重要になるのです。部屋の整理をする時に棚や引き出しが必要なように、情報を整理するには自分で枠組みを用意する必要があります。ただしゼロから枠組みを作るのは難しいので、「よいお手本」を見ながら分類の仕方や整理の仕方を学んでいくことが重要です。ここで「よいお手本」になるのは学習参考書です。予備校などが出している参考書には、本当にわかりやすく情報を整理した表や図が載っているので、それを活用しましょう。

学校での勉強が終わっても、私たちは学び続けていかなければいけません。そうした際、いつまでも人が整理してくれたものに頼ることはできません。そのため、「よいお手本」を見ながら分類の仕方や整理の仕方を身につけて、情報を整理して取り込んでいく力を身につけていってもらえればと思います。

†体制化方略と成績の関係

この章の最後に、体制化方略と成績の関係について説明しましょう。先に紹介した堀野・市川による研究は、体制化方略の効果を示したものの一つです。

この研究は、高校3年生321名を対象にアンケートを実施して、反復方略、イメージ化方略、体制化方略をどのくらい使っているかと中間テストの成績の間にどのような関係があるかを調べたものでした。
分析の結果、（1）授業反復基本テスト（教科書に載っている基本的な内容からの出題）、（2）自由教材基本テスト（夏休みの自由教材からの出題）、（3）応用長文テスト（テストで初めて出題された長文問題）という三つの中間テストのすべての得点に対して、体制化方略（同意語、類義語、反意語をピックアップしてまとめて覚える、同一場面で使える関連性のある単語をまとめて覚える）が関連を示していました。体制化方略を使って勉強している生徒ほど、テストの得点が高くなっていたのです。こうした分析結果は、勉強での体制化方略の有効性を示していると言えるでしょう。

本章では、認知的方略について一通り説明してきました。次の章では、認知的方略とは違うタイプの方略として、メタ認知的方略について説明していきましょう。

自分の勉強を自分で調整する

†メタ認知的方略とは

前章では学習方略のうち、認知的方略について詳しく説明しました。本章では、メタ認知的方略に関して、詳しく見ていきましょう。

あらためて確認すると、メタという言葉はギリシャ語で「一段上の」という接頭辞であり、メタ認知とは自分の認知（情報処理）を自分でチェックしたり調整することを指します。したがって、メタ認知的方略は、勉強をする時に、メタ認知を働かせながら自分の学習を自分で調整する方略と言えます。認知的方略のように、目の前の情報をどのように処理するかも大切ですが、自分の勉強を上手に管理したり、やりくりすることもとても大切です。具体的には、モニタリング、プランニング、コントロールと呼ばれる方法があります。

モニタリングは「内容をどれだけ理解しているか確かめるために、自分に質問をする」など、自分で自分の理解状態をチェックする作業を指します。プランニングはその名前からもイメージできるかと思いますが、「計画を立ててから勉強する」など、勉強に取り組む時に、見通しや計画を立てる作業です。

前章でもふれたように、自分の理解度をチェックする「モニタリング」と、自分の学習を調整する「コントロール」はつながっています。勉強をしていて、よくわからないところが明確になったら、もう一度その箇所を勉強し直すと思いますが、これはモニタリングとコントロールを続けて行っていると言えます。

たとえば、文章を読みながら自分の理解状態を自分でチェックして、よくわかっていないことがわかれば、読むスピードを遅くしたり、わからなくなったところからもう一回読み直したりします。これもモニタリングとコントロールにあたります。他にも、授業中に、特に大事だと思う部分に集中して話を聞いたり、あまり大切ではないところは聞き流すことがあると思いますが、これもモニタリングとコントロールを行いながら、自分の認知

（情報処理）を自分で調整しているといえるでしょう。

筆者はカフェで仕事をする方が捗るので、集中したい時はPCを片手にカフェに行きます。しかし、隣のグループが大声で話していたりすると、さすがに英語の論文を読んでも内容が入ってきません。気が付くと何度も同じ段落を読んでいたりします。これも、自分の理解度をチェックするモニタリングと、自分の読みを調整するコントロールが行われている証拠です。

心理学の研究では、先述したような、モニタリングやコントロールといったメタ認知的方略をどのくらい使っているかを尋ねる質問項目が整備されています。Pintrichらが作成したMSLQという質問紙に、その具体的な質問項目がまとめられているので、図表3-1で紹介しておきます（Pintrichら 1993）。

この表の質問項目をみると、教材を読んでいる時、授業を受けている時、勉強に取り組んでいる時など、いろんな場面で私たちがメタ認知を働かせていることがわかるかと思います。心理学の多くの研究では、この質問項目を使いながら、メタ認知的方略と成績の関係など、さまざまな分析が行われているわけです（詳細は後述します）。

また、この質問項目では扱われていませんが、最近では自分のやる気をキープしたり高

プランニング
・勉強を始める前に、学ぶ内容の流れや構造をチェックする
・勉強する時は、単に教材を読むだけではなく、トピックをチェックして、何を学ぶのかを押さえるようにする
・自分が何をやるかを決めるために、目標を設定するようにしている
モニタリング
・教材を読む時は、質問を作るようにしている
・勉強する時はどの内容がよくわかっていないのかをチェックするようにしている
・学んできた内容についてチェックするために自分に質問をするようにする
コントロール
・教材を読んでいてよくわからなくなったら、きちんと理解するために、戻って読み直す
・教材が理解できなくなったら、読み方を変えてみる
・授業の目標や先生の教え方に合わせて勉強のやり方を変えようとする
・授業中ノートをとっていてわからなくなったら、後で整理し直す

図表3-1　メタ認知的方略の例

めたりする動機づけ調整方略が注目され、盛んに研究が行われています。動機づけ調整方略は、「意識的にやる気を調整する」というものです。

やろうと思ってもやる気が出ない、自分のやる気が下がっている状態を自分で認識した上で（モニタリング）、自分のやる気を高めるように工夫をする（コントロール）のです。おそらくみなさんも、「この勉強が終わったら自分へのご褒美としておやつを食べよう」とか、「ここを頑張ると自分に力がつくと信じて頑張ろう」とか、色々と工夫しながら自分のやる気を自分で引き出しているかと思います。これが動機づけ調整方略と呼ばれる、やる気に関するメタ認知的方略なのです。

ここまで、メタ認知的方略の種類や内容について概要を説明してきました。次は一歩踏み込んで、メタ認知的方略を扱った研究をいくつか見ていきましょう。

Muis & Francoの研究では、先ほど紹介したPintrichらの質問項目を使って認知的方略やメタ認知的方略をどのくらい使っているかと成績の関係を調べています（Muis & Franco 2009）。調査に参加したのは教育心理学の授業を受講している201名の大学生です。質問紙を使って、認知的方略やメタ認知的方略のそれぞれの質問項目が自分にどの程度あてはまるかを、1（まったくあてはまらない）から7（とてもよくあてはまる）で回答してもらい、教育心理学の授業の最終成績との関係を分析しました。

教育心理学の成績は、2回の課題と、中間テスト、期末テストで構成されていました。課題は、授業で何を学んだのか、それが教えることや学ぶことにどのように生かせるのかを論じるもので、最終成績を100点とすると、課題は1回につき25点の配点となっていました。中間テストと期末テストはどちらも選択式テストで、中間テストは25点、期末テストは15点の配点となっていました。残りの10点は出席点です。

このようにして測定された学習方略の得点と成績の得点の関係を分析した結果、メタ認知的方略は成績と高い正の関連を示していました。また、この研究では、精緻化方略(「勉強する時は、重要なポイントを自分の言葉で言い換える」など)も非常に高い正の関連を示していました。ちなみに反復方略も成績と関連していましたが、その数値は小さいものだったため、あまり関連しないと考えてもよさそうです。

学習を習慣づけよう

勉強しなければいけないとわかっていながら、なかなか勉強に取り組めない時ってありませんか? 宿題をやらなければいけないとわかっていながら、ついテレビを見てしまったり、インターネットに夢中になってしまい、取り組めなかった。こんな経験は、多くの人がしているのではないでしょうか。

やらなければいけないのに取り組めない、というのは自分でも歯がゆいと思いますし、そこに親からガミガミ言われると、さらにやる気が下がってしまいますよね。そういった問題を克服する上で、自分で自分の行動をコントロールするメタ認知的方略は役に立ちます。

それを実感してもらうために、保護者や先生がどのくらいメタ認知的方略を指導しているかで、子どもの「学ぶ力＝自分で自分の勉強を進めていく力」が左右されることがわかる研究を紹介しましょう。

たとえば、学校の先生が宿題を出して、その提出を評価するだけではなく、「毎日の家庭学習の計画の立て方や管理の仕方を指導したり、家庭学習の時間をうまく確保する工夫等を身につけさせている」といったように、学習を計画立てる「プランニング」を意識的に指導することで、子どもの学習力が高まることを報告した研究があります（田中・木原・大野 2009）。

メタ認知的方略の指導の効果を示した海外の研究として、Zimmerman, Bonner &

Kovach（1996）の研究も紹介しておきましょう。この研究はメタ認知的方略を小学生や中学生に直接教えた場合の効果を調べたものになります。

この研究では宿題になかなか取り組めないという問題に対処するために、自分の学習行動の「モニタリング」を促す働きかけを行いました。「出された課題をいつ始めて、どのくらいかかったか」「どこで、誰と取り組んだか」「気を散らすものは近くにあったか」などを記入する表を作り、その表に記入させることで、自分の行動を自分でチェックさせたのです。

また、自分の時間の使い方をチェックさせるだけでなく、時間の管理の仕方や目標の立て方についても、先生が直接生徒に指導しました。指導された方略は、「規則正しい勉強時間を設定する」「自分に合った、実現可能な目標を設定する」「課題に優先順位をつける」「自分へのご褒美を作る」などです。勉強の時間を決めたり、目標を決めたり、課題の優先順位をつけるのは「プランニング」ですし、自分へのご褒美を用意するのは動機づけ調整方略と呼ばれる「コントロール」にあたる方略です。

このように、「プランニング」や「コントロール」といったメタ認知的方略を教え、自分の学習行動がどうだったか、教わった方略を使ったかどうかの記録をつけさせて、「モニタリング」を促していったわけです。

その結果、この研究では、宿題に取り組めないなど、学習に問題を抱えていた生徒が宿題に取り組めるようになり、学力も向上していったことが報告されています。この研究は、「モニタリング」「プランニング」「コントロール」といったメタ認知的方略を教えることが有効であることを示すものと言えるでしょう。

筆者はもともと学校の先生になりたかったこともあって、大学生の時から家庭教師や塾でたくさんの生徒に勉強を教えてきました。また、研究者になってからは、色々な学校を訪れ、児童・生徒に直接勉強の仕方を教えています。その時に多く相談を受けるのが「なかなか勉強に取り組めない」という悩みです。

こうした場合にやはりキーワードとなるのが「プランニング」「モニタリング」「コントロール」です。勉強に取り組む時に、計画を立てることはとても大切です。前章の冒頭で、Aさんは中間テストや期末テストに向けて計画を立てると言っていました。つまり、Aさんはプランニングというメタ認知的方略を使っていると言えます。この時大切なのは、できるだけ具体的な目標を立てることです。先ほど紹介したZimmermanたちの研究でも「実現可能な目標を立てる」ように指導されていました。

心理学のやる気の研究では、わたしたち人間は、「できそうだ」という期待感が持てないとやる気が出ないことが知られています。ハードルの高い目標や、時間的に遠い目標ではやる気が出なくなってしまいます。ここでは、小学生を対象にした実験を紹介しましょう（Bandura & Schunk 1981）。小学生に問題集で勉強をさせる際、「1週間後までに42ページやる」という目標を与えた場合と、「1日6ページやる」という目標を立てた場合を比較しました。そうすると後者のほうが、やる気が上がり、学習成績もよくなっていったのです。

こうしたことを踏まえれば、自分で目標を立てたり、計画を立てる時も、1日ごとに何をやるのか、もっと細かく言えば、何時から何時までに何をするのかを具体的に決めた方がいいわけです。毎日出される宿題についても、「今日は数学と物理の宿題をやらないと……」と考えているだけではなかなか前に進めません。目標や計画を具体的にするのであれば、何時からどの教科の宿題をするのかもスケジュールに組み込むとよいでしょう。その時、何時から何時まではのんびりするのか、好きなことをするのかも同時に組み込んでおくと、その時間を目標にして勉強に取り組めるのではないでしょうか。

また、学習を習慣づけるためには、自分の学習を自分でチェックする「モニタリング」

もとても大切です。計画を立てるだけでは意味はなく、自分で立てた計画を実行できたかをチェックすることが必要になるからです。Zimmermanたちの取り組みでも、自分が何をしたのかをチェックする活動を行っていました。

これまで説明したように、モニタリングとコントロールはセットです。モニタリングを行うことで、まだできていないことが明確になって、自分の行動をコントロールしやすくなるわけです。たとえば、スケジュールに組み込んだタスクが終わったら、チェックをつけていくとか、「済」と書き込んでいくなど、自分の学習をチェックして、しかもそれが自分にも見えるようにしてあげるとよいでしょう。

筆者も大学受験の時、まず1カ月後までに何を終わらせておかなければならないのかを考えて、次に1週間ごとに何を終わらせる必要があるのかを考え、1日に何をやるべきかを決めていきました。具体的には「16時から数学の問題集Aの13ページ～17ページをやる」「19時から歴史の鎌倉時代の年表を作る」など、カレンダーに書き込んでいきました。そして、それが終わったら傍線で消していきます。カレンダーに書き込んだタスクがまだ消えていないようであればそれが終わるまでやらなければいけませんし、すべてのメニューが終わればその日は終了ですので気持ちよく床に就く。そんなことをやっていました。

†自分で自分のやる気を高めよう

この章の最初のほうで説明したように、心理学の最近の研究では、自分のやる気を調整するための方略の効果について調べられています。ここでは梅本・田中（2012）の研究を紹介しておきましょう。この研究は、自分のやる気を調整する「動機づけ調整方略」を分類した上で、実際に、どのような動機づけ調整方略を使うと、勉強に粘り強く取り組めるようになるのかを調べた調査になります。

まず、大学生156名を対象として、勉強に対してやる気が出ない場面でどうやって自分のやる気を出すかを思いつく限り書いてもらいました。この手続きで出てきた424個もの記述のうち、似ているものはまとめて、動機づけ調整方略に関する質問項目を作っていきました。

次に、別の大学生に、先ほどの手続きで用意したそれぞれの質問項目について、どれだけ自分にあてはまるかを1（全くあてはまらない）から4（よくあてはまる）までの4段階で回答してもらいました。272名の回答について因子分析（どの項目の関連が強いかを調べる分析）を行ったところ、動機づけ調整方略には「興味高揚方略」「価値づけ方略」「達成想像方略」「協同方略」「成績重視方略」「環境調整方略」「認知変容方略」の七つのグループにまとめることができることがわかりました。それぞれの具体的な質問項目は図表3－2の通りです。

それぞれ説明していきましょう。

興味高揚方略は「勉強内容が面白くなるように工夫する」「勉強内容で面白そうな部分を探してみる」など、自分の興味を自分で高めようとする工夫です。価値づけ方略は「勉強の内容が将来の役に立つと考える」「成績を良くするためだと考える」など、勉強は価値があるものだと考える方略になります。

達成想像方略は「勉強が終わった後の達成感を想像する」といったように、これが終われば達成感が得られるだろうと考えてやる気を出す方法です。協同方略は友達と一緒に勉強することで自分を勉強に向かわせようとするものです。

成績重視方略は「勉強をしないと単位が取れないと考える」といったように、勉強しない場合のリスクを意識して自分を追い込む方法と言えます。環境調整方略は「自分の好きな場所で勉強をする」「部屋を集中できる環境にする」など、環境を変えてやる気を高めようとする工夫です。筆者は集中したい時にカフェで仕事をすると書きましたが、これも

興味高揚方略

・勉強の内容が面白くなるように工夫する
・勉強内容が面白そうな部分を探してみる
・身近な話題に置き換えて考えてみる

価値づけ方略

・頑張って勉強している人を見る
・勉強の内容が将来の役に立つと考える

達成想像方略

・勉強が終わった後のことを考える
・勉強をやり遂げた時の達成感を考える
・勉強をやり遂げた自分を想像する

協同方略

・友達と協力しながら勉強する
・友達と一緒に勉強する

成績重視方略

・単位を取るためだと考える
・勉強をしないと単位が取れないと考える

環境調整方略

・自分の好きな場所で勉強をする
・部屋を勉強に集中できる環境にする
・勉強の合間に気分転換をする

認知変容方略

・今やっている勉強は簡単だと考える
・今の勉強よりも将来はもっと大変なことがあると自分に言い聞かせる
・この勉強は自分に必要なことだと言い聞かせる

図表3－2　動機づけ調整方略の例
出典：（梅本・田中　2012）より作成

環境調整方略を使っていることになります。認知変容方略は「今やっている勉強は簡単だと考える」などのように、本当はそうではないとしても、自分でそう考えるようにしてやる気を出そうとする工夫になります。

また、さらに分析を行ったところ、これら七つの方略の中でも、興味高揚方略、価値づけ方略、認知変容方略、達成想像方略、環境調整方略の五つは、さらに大きなグループにまとめられることがわかりました。これらはすべて報酬などには頼らず、自分の意識の持ち方などでやる気を高めようとしているので、「自律的調整方略」と名付けられています。

この研究では、動機づけ調整方略を分類しただけでなく、それぞれの動機づけ調整方略と「持続性の欠如」や「学習の取り組み」の関係を分析しています。

動機づけ調整方略については、個々の質問項目について自分にあてはまるかどうかを1から4の4段階で回答してもらって測定しました。持続性の欠如は、「私は飽きっぽい方だと思う」「私は勉強の時間になっても、好きなテレビ番組を見ているとなかなか勉強が始められない」「私は勉強をしているとすぐに飽きてしまう」などの質問項目、学習の取り組みは「私は学校で頑張って勉強している」「私は集中して授業を受けている」などの質問項目に対して4段階で回答してもらいました。

この時扱われた動機づけ調整方略は五つの方略を合わせた「自律的調整方略」と、「協同方略」「成績重視方略」の三つです。それぞれの方略の得点と質問項目への回答を分析したところ、自律的調整方略は持続性の欠如と負の関係、学習の取り組みと正の関係があることがわかりました。前者については、この動機づけ調整方略を使っている人ほど、持続性の欠如の得点が低い、つまり、粘り強く勉強に取り組めているという意味になります。また、後者については、自律的調整方略を使っている人ほど、集中して勉強に取り組めているということを意味します。

一方で、協同方略や成績重視方略は、持続性の欠如と正の関係であることがわかりました。つまり、こうした動機づけ調整方略を使っている人ほど粘り強く取り組めていないということです。この点について、論文の中では、「協同方略を使うと友達とおしゃべりに夢中になってしまい、学習に取り組めないのではないか」「成績のことを考えてやる気を出そうとしても勉強が続かないのではないか」と考察されています。

やらなければならないとわかっていながらも、なかなか気が進まないことはたくさんあります。みなさんも将来は社会人として生活を営んでいくわけですが、好きなこと、やりたいことだけをやっていれば生きていけるなんていうラッキーな人は一握りです。

筆者は研究をして論文を書いたり、本を書いたりするのも好きですし、もともと学校の先生になりたかったこともあって、大学で授業をすることも好きです。そういった点でとても恵まれていると思いますが、大学の先生としての仕事の中には、やりたくないものもあります。それでも、気が進まないからやらない、というわけにはいきません。そんな時は、「この仕事もなかなか面白いところはあるな」という興味高揚方略、「これをやり遂げたら自分にまた新しい力がつきそうだ」という価値づけ方略を使いながら、自分のやる気をなんとか出して取り組んでいます。みなさんも、自分のやる気を引き出す方法を色々試してみて、その中で自分に合ったものを探していってほしいと思います。

†勉強で大切なことって何だろう

少し研究の紹介が続いたので、もう少し身近なところから考えてもらうために、以下のようなやりとりをみてみましょう。

先生：ところでみなさん、勉強で大切なことはなんだと思いますか？　もっと言ってしまえば、成績を上げるには何が必要なのでしょう。

A：コツコツ努力することが大切だと思います。やっぱり、しっかりやらないと力がつかないし。

B：自分に合ったやり方を見つけることだと思います。実際、表とか作ったらすごく覚えやすかったから、いろんな教科でもそれをやるようにしています。

C：とにかく覚えることが大事だと思います。勉強って覚えることが多いし、逆に公式とか解き方とか覚えておけばどんなテストでもなんとかなると思う。

D：ちゃんと理解できていることが大切だと思います。よくわからないままやっていても仕方がないし、いろんな知識のつながりがわかると頭に残るし考えやすくなるので。

みなさんはこう聞かれたらどのように答えるでしょうか。ここまで、色々な教科で、どのように工夫して勉強するとよさそうかを説明してきましたが、ここではそもそも勉強でどんなことが大切かを考えてみたいと思います。

「勉強で何が大切？」「成績を上げるには何が必要？」といった質問にどう答えるかは、その人の「学習観」を表します。学習観とは、簡単に言ってしまえば勉強に対する考え方です。先ほどの質問に対する4人の答えがバラバラなように、学習観には様々なものがあ

認知主義的学習観	
意味理解志向	習ったこと同士の関連を考えて覚えることが効果的だ
方略志向	成績を上げるには、勉強のやり方を考えることが大切だ
思考過程重視志向	できなかった問題は、答えだけでなく解き方も知りたい
失敗活用志向	間違えることは、その先の学習に生かすための大切な材料だ
非認知主義的学習観	
丸暗記志向	なぜそうなるかを考える前に、まず覚えることが重要だ
物量（学習量）志向	たくさんの量の勉強をすることがとても大切だ
結果志向	なぜそうなるのか分からなくても、答えが合っていればよい
環境志向	みんなの成績がいいクラスに入っていれば、成績は良くなる

図表3－3　認知主義的学習観と非認知主義的学習観

ります。ただし、これまでの調査によれば、日本の生徒には、認知主義的学習観と非認知主義的学習観という二つの学習観があることが指摘されています（図表3－3）。

†深い処理を大切にする考え方

認知主義的学習観は、深く考えることや理解することを大切にする考え方です。

認知主義的学習観には、たとえば、「ちゃんと理解することが大事」とか、「勉強したことがどうつながっているかを押さえることが大切」という意味理解志向と呼ばれる考え方が含まれます。きちんと理解することを大切にしている考え方です。

他にも「成績を上げるには、勉強のやり方を考えることが大切だ」といったように、やり方を工夫することで成績を上げることができるという考え方（方略志向）、「できなかった問題は、答えだけでなく解き方も知りたい」などのように、途中の考え方が合っているか、他にいい考え方はないかを大切にするもの（思考過程重視志向）、「間違えることは、その先の学習に生かすための大切な材料だ」「失敗を次に生かすことが大切だ」といったように、うまくいかなかった時に、どうすればよかったかを考えて、次につなげていくことを大切にする考え方（失敗活用志向）も認知主義的学習観に含まれています。

このように情報を深く処理する、自分なりに工夫することを大切にする、認知主義的な学習観をもっていると、勉強する時に、単純に何度も見て覚えようとしたり、解き方を暗記しようとはしないでしょう。

学習観と学習方略の関連を調べた研究があります。高校3年生366名に、それぞれどのような学習観をどのくらいもっているかを尋ね、学習方略との関係を調べた研究です（植木 2002）。要は、どんな学習観を持っている人が、どのような学習方略をよく使っているかを分析したわけです。

この研究では数学の勉強で、「何かを読んでいるとき、読んでいることと自分が知っていることを関係づけようとする」とか「勉強していて何か難しい言葉があれば、自分がわかるような言葉に置き換えて理解する」といったように、自分の知識と結びつける精緻化方略をどのくらい使っているかを、1（全くそうしない）から7（必ずそうする）までの7段階で尋ねました。また、「授業中や授業後に、先生が言ったことを自分が理解できているか問い直してみる」「問題を解いていてわからなくなった時、どこでつまずいているのか一度考えてみる」といったように、自分の理解度を自分でチェックするモニタリング（メタ認知的方略の一つ）についても、1（全くそうしない）から7（必ずそうする）までの7段階でどのくらい使っているかを尋ねました。

学習方略との関係を分析したところ、方略志向（「勉強ができる人は、勉強のやり方がうまい人だ」「人それぞれ、自分にあった勉強方法を工夫した方が効果的だ」と考える）が強い人ほど、精緻化方略、モニタリング方略、ともによく使っていることがわかりました。勉強でやり方が大切だと思っている人は、自分で自分の理解度をチェックしながら、また、自分の知識と結びつけて深く理解しながら勉強していたのです。こうしたことから、認知主義的な学習観を持っている人が、よい学び方をしていることがわかるかと思います。

†深い処理を大切にしない考え方

ここまで説明してきた認知主義的学習観とは対照的なのが、非認知主義的学習観です。この考え方は、深く考えることや理解することを大切だとは思っていないものになります。具体的には、「なぜそうなるかを考える前に、まず覚えることが重要だ」「どんなテストでも暗記さえしておけば大丈夫だ」といったように、とにかく頭に詰め込むことを大切にしている考え方（丸暗記志向）、「たくさんの量の勉強をすることがとても大切だ」といったように、勉強では質はともかく量をこなすことを大事だとする考え方（物量志向）、「なぜそうなるのかわからなくても、答えが合っていればよい」という考え方（結果志向）がります。結果志向は、「途中の考え方をちゃんと押さえておきたい」と考える思考過程重視志向とは対照的な考え方と言えます。

また、少し異質な考え方として、勉強で何が大切か聞かれた時に「みんなの成績がいいクラスにいること」「教え方の上手な先生に出会うこと」といったように、自分の成績は、自分がどんな環境にいるかで決まると考えるようなものもあります（環境志向）。

成績を伸ばすには「とにかく覚えるしかない」「とにかく量をこなすしかない」と思っ

てしまうことは度々あるでしょう。

実際に勉強で困っている生徒さんや、頑張っているのになかなか成果が出ないという悩みを抱えている生徒さんと話していると、「数学の問題を解けるようになりたいけど、解き方がなかなか覚えられない」「とにかくやるしかないんです」「1日2時間は勉強するようにしているのに成績が伸びないんですよね」といったことをよく耳にします。こうした発言からは、勉強とは覚えるもの、量をこなすもので、どのくらい覚えられたか、どのくらい勉強したかで成績が上がると考えていることがうかがえます。

もちろん、覚えていないより覚えている方がいいですし、やらないよりやった方がいいことは確かですが、知識は、意味もわからないまま詰め込んでも、なかなか思い出せなかったり、すぐ忘れてしまったりします。それだと、ちょっと意地悪な問題の出し方をされると途端に太刀打ちできなくなって、使えるものにはなりません。

実際、こうした非認知主義的な学習観が、あまりよい学習につながらないことを報告している研究があります（鈴木 2016）。この研究は、小学5年生と6年生合計394名に、学習観については意味理解志向（勉強ではまず自分の力で理解できるかどうかが大切だという考え方）と暗記再生志向（答えの理由がわからなくても問題のやり方をおぼえればよい、といっ

家庭科の時間に、田中さんはクッキーを作ります。

一人につき、下のような一辺が8cmの正方形のクッキーの生地（きじ）がもらえます。

田中さんは、底辺が4cm、高さも4cmの二等辺三角形の「かた」を使って、クッキーを作ることにしました。

田中さんは、何枚のクッキーを作ることができるでしょうか？

どのようにして考えたか、下のわくの中に説明をかきましょう。

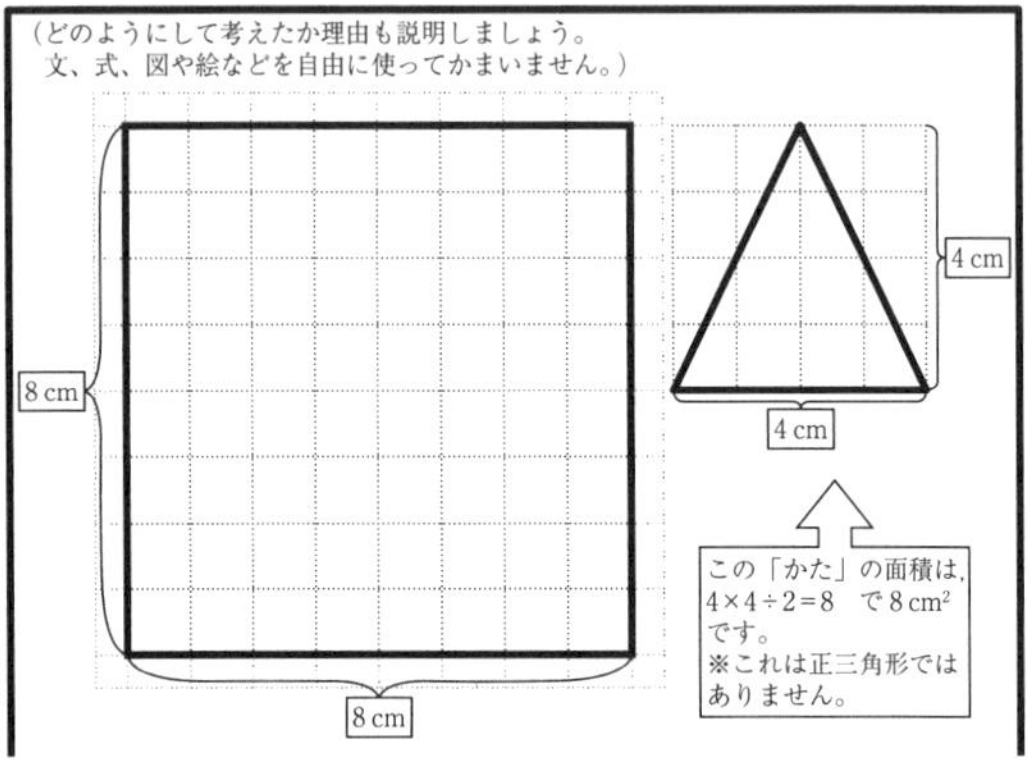
（どのようにして考えたか理由も説明しましょう。
文、式、図や絵などを自由に使ってかまいません。）
8cm
8cm
4cm
4cm
この「かた」の面積は、
4×4÷2=8　で8cm²
です。
※これは正三角形ではありません。

図表3－4　研究に使われた問題
出典：（鈴木　2016）より作成

た考え方）をどれくらい持っているか、色々な質問項目に答えてもらうことで得点化していきました。その上でこの研究では、実際に算数の課題を解いてもらい、学習観次第で課題への取り組み方に違いが見られるかを分析しました。使われたのは図表3－4のような問題です。一度、みなさんも問題を解こうとしてみてください。

実は、この問題、型をそのまま並べるだけでは4枚しか作れません。一方、型を回転させながら当てはめていけば「6枚」という回答になります。そして、実際には生地は変形したり結合したりできるので、生地の面積を型の面積で割った「8枚」を作り出すことが可能です。この課題のポイントは、単に何枚作れるかを回答するだけでなく、「どのようにして考えたのか」を説明させているところです。説明を求めることで、その人がどのように課題に取り組んだのか、本当に理解できているのかを調べたわけです。

分析の結果、暗記再生志向の傾向が強い人ほど、「8枚」と答えた人が少ないことがわかりました。逆に、意味理解志向の傾向が強い人ほど、「8枚」と答えた人、もしくは「6枚」と答えた人が多いことがわかりました。また、何も答えられていない「無答」になる確率についても分析したところ、暗記再生志向が強い人ほど無答になる確率が高いこともわかりました。

この問題に「4枚」と答えてしまうのは、単純に型を並べたパターンしか考えていないからです。これでは、あまり深く考えているとは言えません。一方で、「6枚」もしくは「8枚」と答えた人というのは、型を回転させてみたり、生地を変形させてみたりと、自分なりに工夫しているわけですから、深く考えていると言えます。この研究の結果は、課題に取り組む時に、暗記再生志向の強い人は浅い考え、意味理解志向の強い人は深い考えをすることを示していると言えるでしょう。

†「どのように」を大切に

これまでにも説明したように、わたしたち人間の情報処理の仕組みからすれば、あらたに知識を取り入れる時、自分の知識とつなげてみたり、整理してみたり工夫すると、記憶にも残りやすく、使いやすいものになります。こうした工夫をする上で「どのように」がとても大切なキーワードとなります。なぜなら、認知主義的学習観では、目の前の情報をどのように解釈するか（意味理解志向）、目の前の問題を解く時にどのように考えればよいか（思考過程重視志向）、普段からどのように勉強すればよいか（方略志向）、失敗を次に生かすためにはどうすればよいか（失敗活用志向）など、「どのように」を大切にしているからです。

「とにかく量をこなすしかない」「このやり方でやるしかない」と思うのではなく、どのようにすればもっと効果的かを常に探していく姿勢は、ずっとみなさんを支えていくものになるでしょう。

小学校のうちは、勉強の内容もそんなに複雑ではないし、身につけなければならない知識の量もそんなに多くありません。そのため、とにかく書いて覚えたり、何度も繰り返し解くやり方でも対応できるでしょう。しかし、中学校にあがって、内容が難しくなり、教科の数も、各教科で扱われる分量も多くなるとそうはいきません。そんな時に、「やるしかない」と一つのやり方にこだわったり、一つの解き方を覚えようとしたりするのではなく、やり方を工夫してみたり、別の考え方がないかも探ってみることが大事になります。

ここでは筆者が中学校の先生と一緒に取り組んだ、「学習方略の探究活動」を紹介しておきましょう（篠ヶ谷・福本・山本・川村・中井 2024）。中学校に上がったばかりの生徒さんは、小学校の頃と同じようにあまり工夫しないで、何度も書いたり、何度も解いたりすることが勉強だと思っていて「とにかくたくさんやるしかない」「繰り返しやるしかない」といった学習観を持っていることが多いです。そのため、中学に入学してすぐに、勉強では工夫しながら学ぶことがとても大切であると学んでおく必要があります。

この研究では、総合的な学習の時間を利用して、中学1年生に勉強の仕方を教えた上で、「自分に合った勉強方法はなんだろう？」というテーマで、勉強方法の探究を行っていきました。まず、勉強する上で効果的な学習方略として、この本でも紹介してきた「精緻化方略」や「体制化方略」を取り上げ、実際に教科の勉強で使うとしたらどうするのか、例を見せながら教えました。

これまでの心理学の研究では、宿題に上手に取り組めるように、自分の勉強の計画を立てて（プランニング）、記録をつけて振り返る（モニタリング）ことが大切であることがわかっています（Zimmerman ら 1996）。それを参考に、中間テストや期末テストの前に、「どんなやり方でテスト勉強をしようと思うか」という計画を立てて、テストの結果が返ってきた後で、「今回の勉強の仕方をやってみてどうだったか」を振り返り、次の勉強に向けて改善していく、という活動に取り組んでもらいました。勉強方法の効果を探る探究活動をしていったわけです。

そして、取り組みの最後には「自分に合った学習方略」というテーマで、それぞれ、（1）中学に入る前はどんなやり方で勉強していたか、（2）中間テストの頃はどのように勉強したか、（3）期末テストの頃はどのように勉強したか、（4）結論として、自分に合った勉強のやり方とは何かについてまとめ、ポスター発表をしてもらいました。この内容を分析してみると、最初は「何度も解く」「何度も繰り返し書いて覚える」といったやり方だった生徒たちが、「自分の言葉でまとめ直した」「どう考えれば解けるのか、ポイントを書き込むようにした」など、自分の知識と結びつけながら、深く理解することを大切にした勉強法にも言及するようになっていました。

また、何度も解く、何度も書くというやり方を続けた生徒もいましたが、そうした生徒でも、中間テスト前の勉強法として「問題をたくさん解いた」と書いていたのが、期末テスト前の勉強法では「色や付箋を使うなどして間違えた問題をわかりやすくしてからもう一度解いた」と書くようになるなど、工夫を加えるようになっていました。こうした結果から、自分の勉強方法の計画を立てて、その効果を振り返る、「学習方略の探究活動」は、勉強法の質を高めたり、工夫しながら学ぶ姿勢を育てていく上で効果があったと言えるのではないでしょうか。

†「学ぶ力」を身につけよう

重要なのは勉強をする時に、自分のやり方が本当にベストなのか、もっと質を高めていくことはできないかと工夫をしていくことです。「勉強」と聞くと、学校に通っている時にやるものだと思うかもしれませんが、高校や大学を卒業して、社会人になってからも勉強は続きます。

仕事に就いたらその仕事に必要なことを身につけていかなければいけませんし、社会人として上手に生きていくためには、必要なことをどんどん学んでいかなければいけないのです。そう考えると、私たち人間は、一生、学び続ける学習者であると言えます。学び続けていかなければならないのであれば、常に「どのように」を考えながら学ぶ癖をつけておくに越したことはありません。

学校での勉強は、それぞれの教科で教わる内容そのものも重要です。普段の生活や、将来の仕事で、「あの時あれを習っていてよかった」と思えることはたくさんあるでしょう。計算力がなければ上手な買い物の仕方も考えられませんし、漢字が読めなければインターネットを検索したところで記事が読めません。社会の仕組みがわかっていなければ税金や保険のことを考えることもできませんし、国際化が進む中で英語がまったくわからなかったら、どの職業に就いたとしても他の人より遅れをとってしまうでしょう。

しかし、中には「何の役に立つのかわからないことを勉強させられている」と思うこともあるのではないでしょうか。たとえば、数学では sinθ、cosθ、tanθといった三角関数を勉強したり、二乗すると、-1になる虚数というものを扱ったりします。勉強している側からすると、これが何の役に立つのかさっぱりわかりません。実は三角関数は距離を計算したり物体の回転を表現する時に役に立ちます。測量系の使い方であればGPSや土木工事などの仕事、回転系の使い方であれば航空宇宙系の飛行機の制御、ゲームのプログラミングなどに応用することができるわけです。

残念ながら筆者も高校で数学を勉強している時は、これらが役に立つということを知りませんでしたし、学校の先生になりたかった筆者からすれば、自分の夢とはあまり関係がなかったので、こうした内容を学ぶことに対して、あまりやる気は持てていなかったと思います。

それでも学校では色々な教科の色々な内容を勉強しなければいけません。それは、「学ぶ力」を身につけるためだと言えます。繰り返しになりますが、学校を卒業しても勉強は終わるわけではなく、私たちは死ぬまで学び続けていかなければいけません。しかも、そうした学びも、常に自分が本当にやりたいものとは限りません。やりたくないことや、やる意味があるとは思えないことでもやらなければいけない時が必ずやってきます。その時に、上手に工夫できる人、効率よく学べる人、自分で自分の学び方をコントロールできる人、自分のやる気をコントロールできる人とそうでない人では、同じ環境にいても、成長スピードが大きく違ってしまうでしょう。

自分が置かれた立場や環境の中で、大きく成長していくためには、「どうやったらもっと上手に学べるか」を常に考えながら工夫できる「学ぶ力」を身につけておく必要があります。学校での勉強の期間は、やりたくないことや、やる意味が感じられないことも工夫しながら学ぶ力をつけるための、大切なトレーニング期間なのです。

前章で紹介したように、何かを覚えるとしても、そこにはたくさんの工夫の仕方（学習方略）があるので、学校の勉強をする中で学習方略を身につけ、色々な場面で応用できるようにしておくとよいでしょう。さらに、この章で紹介した、自分の行動ややる気をチェックし、コントロールするメタ認知的方略を身につければ、学習を習慣づけ、さらに効果的に学び続けることができるようになるでしょう。毎日やっている学校の勉強を通して、「どのように」を考えながら、工夫して学ぶ力を身につけていってもらえればと思います。

第4章　予習と授業と復習で理解を深める

✝授業の受け方はとても大事

みなさんは毎日学校で授業を受け、色々なことを学んでいると思います。ここまでの章では、私たち学習者が行っている工夫（学習方略）について説明してきましたが、どちらかといえば自分で勉強する時のものでした。当然のことではありますが、効果的な学習方略は授業を受ける時でも大切です。

すでに説明したように、学習方略には反復方略、精緻化方略、体制化方略といった情報処理に関するもの（認知的方略）や、モニタリング、プランニング、コントロールのように、自分で自分の学習を管理するもの（メタ認知的方略）があります。これらの学習方略は、説明を聞いたり動画を視聴しながら学ぶ時にも使われていることが心理学の研究では報告されています。さらには、どのような方略を使うと理解が深まるのかも研究されています。

たとえば、授業で先生の説明を聞いている時、みなさんはノートにメモをとっているでしょうか。板書に書かれていることや、スライドで表示されていることを単に写すだけでは十分とは言えません。なぜなら、それでは自分の頭が使われておらず、浅い処理しかできていないからです。説明された内容をしっかりと理解して身につけていくためには、自分の知識と結びつけたり、授業の内容を整理したりすること、つまり、精緻化方略や体制化方略などのように、情報を深く処理していくことが大切になります。

板書やスライドの内容以外に、授業で話された内容を自分の言葉でメモすることは精緻化方略にあたります。耳から入ってきた情報を自分の言葉で言い換えて書き残すことは、頭の中にある知識と結びつけないとできないからです。

心理学では、ノートのメモに注目した研究が盛んに行われてきました。そうした研究では、ノートにメモをとることが高い学習成績につながることが報告されています（Kiewra 1985）。その一例を紹介しましょう。１８０名の大学生に講義を聞いてもらい、その内容を後で思い出すように指示しました（Aiken ら 1975）。その結果、学生が思い出すことができた内容はノートに書き残した情報と関連していることがわかりました。ノートにメモをした情報であれば半分ほどを思い出すことができたのに対して、メモをとらなかった情報は15％しか思い出せなかったことが報告されたのです。

ノートにメモを取ることは、自分の知識を使いながら情報を編集し直して理解を深めていく精緻化方略です。ただし、それ以外にも、ノートへのメモは、「外部記憶」という機能も持っています。外部記憶とは、頭の外に情報を蓄えておく、ということです。授業を受けるだけで、すべての情報を頭の中に記憶することはなかなか至難の業ですが、ノートに大切な情報を残しておけば、復習の時にその情報を使って、学び直すことができるのです。

ただし、ここで考えなければならないのは「どの情報のメモを残すか」です。ノートのメモに関する研究では、重要な情報のメモを取ることが難しいと指摘されており、授業中の大事な情報の20～40％くらいしか取れていないとも言われています（Kiewra 1985; O'Donnell & Dansereau 1993 など）。先生が説明することをすべてメモすることはもちろんできませんし、そもそも書き取ることが授業の目的ではないので、そんなことはする必要もありません。むしろ、大切なことは、何が重要な情報かに注意を向けることです。

重要な情報に注意する際に、必要になるのがメタ認知的方略です。第3章では、見たり聞いたりした情報をどう処理するかという認知的方略のほかに、自分の学習をチェックしたり、コントロールするメタ認知的方略があることを説明しました。扱われている内容をちゃんと理解できているか自分でチェックする「モニタリング」や、大切な情報に注意を向ける「コントロール」が、授業中に行われるメタ認知的方略です。

具体的には、先生がどこを強調しているのかに注意しながら授業を受けたり、授業内容について疑問点がないか随時確認していくことが考えられます。

ここでは説明を聞いたりしながら学ぶ時にどのような学習方略を使うとよいのかを調べた研究を紹介しておきましょう（Azevedo & Cromley 2004）。

この研究は、動画を見たり、インターネットを調べたりしながら勉強する「ハイパーメディア」と呼ばれる学習環境で学習をする時の学習方略と、その効果を分析した興味深い研究です。この研究では131名の大学生に人体の「循環系システム」について勉強してもらいました。血液、心臓、循環系システムなどに関する記事、写真、ハイパーリンクやイラストが用意されていて、45分間でこれらを自由に使って学習をしてもらいました。その時に、学習前に、内容を深く理解していくために必要な学習方略を教えるグループと、そうした指導をしないグループにわけました。これによって、学習方略や内容の理解度に違いが出るのかを調べたのです。

この研究のユニークな点は、学習をしている最中に、考えていることをすべて喋ってもらい、その内容から、学習者がどのような方略を使っているかを分析している点です（これまでの研究では質問項目に答えてもらうことが中心でした）。この研究方法は「発話思考法」と呼ばれます。発話の内容を分析した結果、この研究では、学習中に使われている学習方略は、図表4－1のように分類されました。

さらに、この研究では、学習した内容をどのくらい理解できているかを調べるため、いくつかのテストを行いました。一つは「マッチングテスト」といい、循環系システムに関係する16個の用語について、その定義を選択肢から選ぶものでした。もう一つは「ラベリングテスト」という、人体のイラストに20個の要素の名前を書き込んでいくものでした。さらに、循環系システムについてどのようなイメージを頭の中に作り上げているか（これを**メンタルモデル**と言います）を詳しく調べるため、心臓、肺、脳、足、手の間をどのように血液が流れているかがわかるようなイラストを描く課題や、循環系システムについて何

		内容	発話例
メタ認知的方略	1プランニング		
	計画	操作の選択の計画に関する発話	まずこの学習環境の構造を見てから循環器系のどのセクションのところに行くか決めよう
	目標	可能な操作や得たい情報などに関する発話	今、システムを通じてどうやって物が移動しているかを述べている情報を探してます
	2モニタリング		
	理解度の判断	まだ知らないことや分からないことに関する発話	これちょっとよくわからないな。自分には難しい
	知っている感覚	学んだことは覚えているが、十分に思い出せないことを示す発話	わかってきたからここをもう一回読んでみようかな
	自己質問	一度止まって自分に質問する発話	この部分からわかることはなんだ？
	内容の評価	目標に関連した内容のモニタリング	これを読んでみたけど自分が探していた情報とは違うな
認知的方略	絵を描く	絵や図を自分で描く	ちょっとこの絵を自分でも描いてみよう
	要約する	読んだり聞いたりした内容をまとめてみる	ここでは白血球が外敵をやっつけることに関わっていると言っているわけだな
	ノートへのメモ	学んだ情報をメモする	心臓の下のところにこれを書いておこう
	ノートを読む	自分のノートを読む	血液を運ぶ…動脈…

図表4－1　学習中に使われている学習方略の分類

を学んだのかをすべて書き出す課題にも取り組んでもらいました。

このようにして得られたデータを分析したところ、学習方略について指導を受けたグループの方が、指導を受けなかったグループよりも「プランニング」や「モニタリング」などのメタ認知的方略を使う人が多いことがわかりました。また、学習中に絵を描いてみる、自分なりにまとめてみる（要約）、メモする、メモを読むなどの認知的方略を使う人も多かったのです。

また、内容の理解度を見てみると、用語の定義を選ぶ「マッチングテスト」では、グループに違いはありませんでしたが、イラストに用語を書き込んでいく「ラベリングテスト」では、学習方略の指導を受けたグループの方が成績がよくなっていました。頭の中に作り上げたイメージ（メンタルモデル）を調べる課題も、学習方略の指導を受けたグループの方が成績がよく、学んだ内容をしっかり理解できていることがわかりました。

この実験の結果はとても重要です。循環系のシステムは複雑ですので、心臓や肺の役割は何か、心臓と肺はどのような関係になっているのか、どうやって脳や手足に酸素を送っているのかなどを理解するのはなかなか大変です。しかし、認知的方略やメタ認知的方略を教わったグループは、実際に学習方略を使いながら学習し、複雑な内容を理解できたわけです。こうした結果から、文章を読んだり動画を視聴したりしながら学ぶ時にも、頭の中でどのように処理するかが大切であるということがわかるでしょう。

†授業で学ぶだけで十分？

ここまで、授業を受ける時に自分の知識とつなげたり、要約したり、自分がどのくらいわかっているかチェックすることが大切だということを説明してきました。では、それが大切だとして、そうした工夫はどうすれば実践できるでしょうか？　ここからは、実際にどうすればそれが可能になるのかを考えていきます。

まず考えてみたいのは、学校の授業の時間だけで、知識どうしをつなげたり整理したりしながら、深く理解することができるのかという点です。みなさんは部活があったり、友達と遊んだり、やりたいことがたくさんあるでしょう。できれば授業の時間だけでしっかり内容を理解して、力をつけたいという人も多いでしょう。

しかし、正直、それはかなり難しいと言わざるを得ません。ここで、意地の悪い人は、それは教える先生が悪いからなのでは？　と疑問に思うかもしれません。しかし、教えるのが上手な先生が教えたとしても、授業の時間だけで深い理解に導くことは相当難しいでしょう。

先ほど説明したように、授業の重要な情報のうち20～40％ほどしかメモに残すことができません。しかも、ノートにメモした内容であっても半分だけしか覚えていないわけです。授業の中の大切な情報を瞬時に捉えて、自分の知識とつなげながら理解していくことが、そうそう簡単にはできないことはこうした結果にも表れています。

これまで何度も説明してきたように、私たち人間は、新しい情報と自分の知識とが結びついた時に、本当の意味で「理解」をしています。とはいえ、学校の授業で教わる内容と結びつけるだけの豊富な知識を、すでに頭の中に持っている人はそうはいないでしょう。そのため、学校の授業だけで「理解」をしようとするのはかなり無謀なことと言えます。

みなさんは普段、学校で授業を受けて、先生から出された宿題を家でやっているでしょう。なぜ宿題が出されるのか、あまり深く意味を考えたことはないかもしれませんが、学校で学んでいることが授業を聞いただけで身につくような簡単なものではないため、宿題が必要なのです。

1990年代、宿題があまり出されなかった時期がありました。この頃はゆとりを持たせること、子ども自身の興味や関心を大切にすることが重視されたので、先生から宿題を出さないようになったのです。しかし、その結果、日本の子どもの学力は、他の世界の国に比べて下がっていることが、色々な学力調査の結果で明らかになりました。この結果を受けて、「確かな学力」をつけることが目標にされるようになり、学習を習慣づけるために宿題もまた積極的に出されるようになりました。学校での指導が変化したことで、日本の子どもの家庭での学習時間は増えました。

しかし、家庭での学習時間が増えたにも関わらず、学力調査の結果はそこから大きく改善したとは言えません。特に、内容を深く理解できていないと対応できない、応用力が問われる問題となると、2020年までに日本の児童・生徒の学力はなかなか思うように上がってきていないのです。

こうしたことから、単に宿題をこなしたり、家で長い時間勉強すればよいというわけではないと言えそうです。では、家での勉強を学習成果へとつなげていくにはどうすればよいのでしょうか。ここで重要になるのは、学校の授業と家での勉強を切り分けて考えずに、「勉強を繰り返す中で、知識と知識をつなげながら理解を深めていくこと」です。

この本で繰り返し説明してきたように、私たちは新しい情報と自分の知識を結びつけることで、深い理解をしています。そのため、家で勉強した知識を生かして授業を深く理解

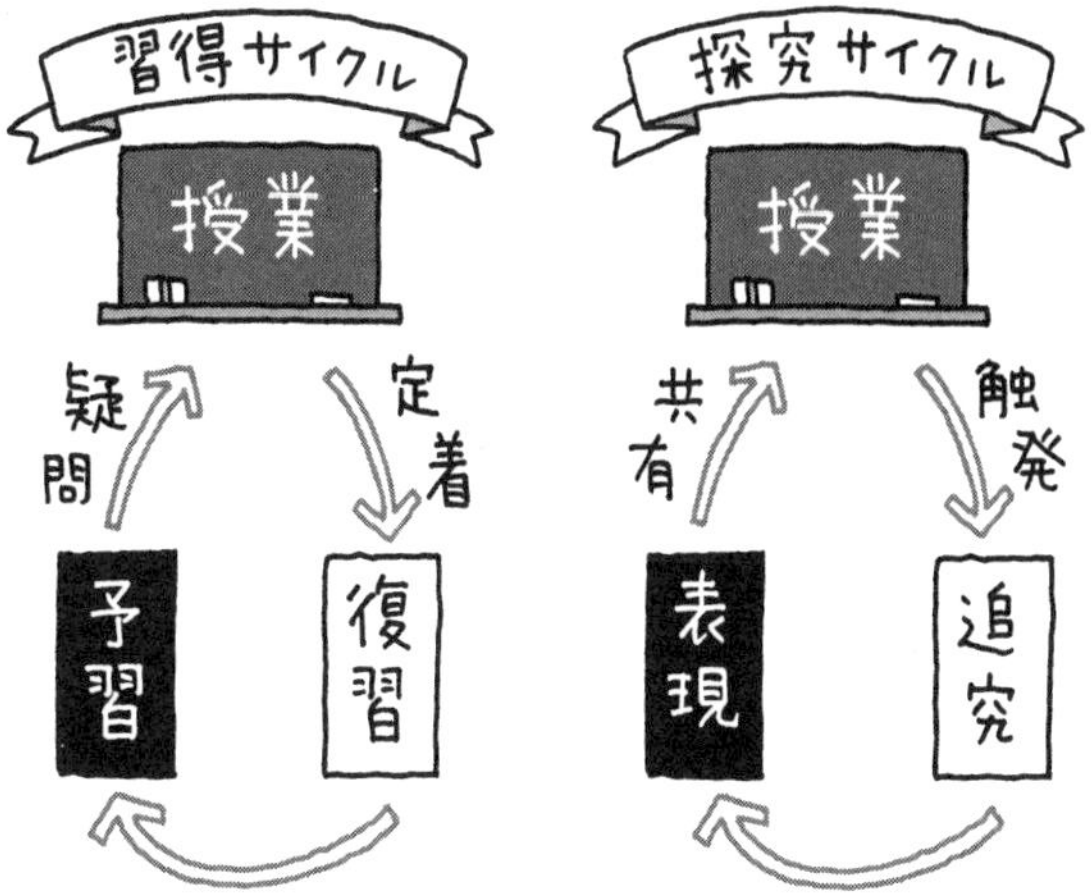

図表４－２　学びの習得サイクルと探究サイクル
出典：（市川　2008）より作成

することと、さらには、授業で理解したことを生かして家でさらに理解を深めることが大切になってきます。

学校で扱われる様々な内容を深く理解していく上では、図表４－２のように、予習―授業―復習という「学びの習得サイクル」をしっかりと回していくことが理想的だとされています（市川　2008）。授業で教わる内容について、まず、予習をしてざっくりと知識を持っておいて、授業では予習で得た知識を使いながら深く理解をしていき、授業で理解したことを復習でさらに深めたり、定着を図るというわけです。予習や復習が大切だということは、当たり前のように聞かされてき

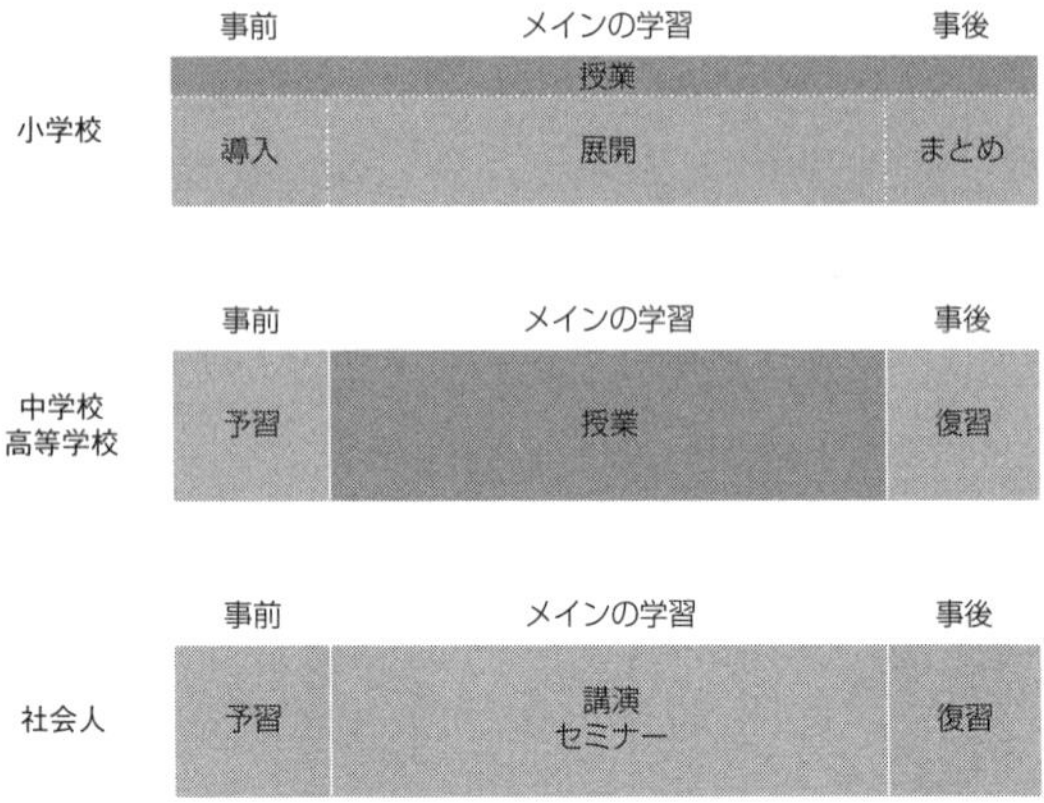

図表４－３　予習・復習と授業の関係

たかもしれません。しかし、この本を通じて、深く理解する時の仕組みを理解すれば、その大切さが改めてわかるのではないでしょうか。

これまで、みなさんは学校で多くの授業を受けてきたと思います。その時はあまり意識していなかったかもしれませんが、実はこの習得サイクルは、授業の中に埋め込まれていたりします（図表４－３）。

たとえば、小学校の授業では「導入」という形で、今日の授業で扱う内容を大まかに紹介したり、「本時のめあて」を黒板に書いたりします。これは、予習にあたることを授業の最初に行っていることになります。

また、授業の最後には、「まとめ」という形で、授業で学んだ内容について簡単に説明し直したり、大事なポイントは何だったかを振り返ったりします。これは復習にあたる活動を授業の最後に行っていることになります。特に小学校低学年の授業では、このように授業の中に予習や復習が組み込まれていると言われています（市川　2004）。

ただし、学年が上がるにつれて授業で扱う内容が増えるので、先生はいつまでも予習や復習にあたることを授業の中でやるわけにはいかなくなってきます。中学校に上がれば、丁寧に導入やまとめをしてくれる授業は少なくなるのではないでしょうか。そんな時、みなさん自身が予習や復習をすることが大切になります。それまでは先生が授業の中でやってくれていた予習や復習を、授業時間とは別（主に家庭学習）で実施する必要が出てくるわけです。

もちろん、先生から宿題が出されることも多いでしょう。宿題は、授業で教わった内容をまとめ直したり、授業で教わったことを使って問題を解いたりすることが多いと思います。つまり、本当はみなさん自身でやらなければならない復習にあたる活動を、先生が「宿題」としてみなさんに与えているわけです。このような宿題が出されるのは、家庭での学習習慣を身につけさせたいという目的に加えて、「授業で学んだ内容を確実に定着させたい」という目的があるからです。

ただし、宿題だけに頼っていればいいわけではありません。学校を卒業して社会人になれば、もう授業をしてくれたり、宿題を出してくれる先生はいなくなります。それでも、仕事で必要なこと、生活で必要なことは、学んでいかなければなりません。

自分が学びたいことについて、講演やセミナーが行われていれば、それを聞きに行って本格的に学ぶこともあるでしょう。そんな時に、いきなり会場で話を聞いても、内容を完璧に理解できるかというとそんなことはありません。講演よりも前に、講師が書いている本を読んで、講師がどのようなことをやってきている人なのか、講師がどのようなことを講演で話すかを知っておくことで、当日、講演を聞いた時ぐっと理解しやすくなるでしょう。加えて、わからない点についてはスムーズに質問できるはずです。

また、講演を聞いた後、内容を自分なりにまとめ直したり、さらに調べものをすることで、講演を聞いた時に理解しきれていなかったことを理解し直すことができます。こうした作業によって、自分の見解をさらに広げていくことができるでしょう。

筆者のような研究者は、学会に参加して自分の研究を発表したり、他の人の発表を聞いたりする機会がたくさんあります。こうした時にも予習、復習にあたることを意識的にやっています。学会ではそれぞれの発表内容の要約をまとめた資料が配布されるのですが、人の発表を聞く前にこの要約を読んで予習するわけです。そうすると、発表を深く理解することができますし、わからないところを質問することもできます。

これをしないで発表を聞いた時は、自分がどこまでわかっていて、どこがわからないのかが不明となり、質問もうまくできないでしょう。さらに、発表を聞き終わったら、発表者の本や論文を読んで内容を確認したり、関係する他の研究を調べてみたりします。このように、予習や復習を活用して学びを深めていく力や学びを広げていく力は、社会人になってから仕事や社会生活を充実させる上でも必要です。

こうした習慣を身につけるには、学校で勉強をしている期間が大切になります。特に、授業の中で「導入」や「まとめ」が行われなくなる中学校や高校で、予習や復習をしながら、自分の勉強を自分で充実させる練習をしておくとよいでしょう。中高では、教科も多く、扱う内容の量も多いので、授業と宿題をこなすだけで大変ではありますが、学校を卒業した後、習得サイクルを回す練習をしているのだと考えて、できそうな教科から取り組んでみましょう。

†予習はとても大切

学校で行っている様々な教科の勉強を効果的に進めていく上では、予習―授業―復習というサイクルを回していくことが基本になります。特に、予習に関しては、みなさんが思っている以上に大切な活動です。日本では、昔から予習が大切だと当たり前のように言われてきましたが、実際のところはあまり大事にされていませんし、児童や生徒にも定着していません。英語の先生が「英単語を調べておく」「英文を訳しておく」といった予習を行わせることはよくありますが、それ以外の教科では、なかなか自宅で予習させることは行われていないのではないでしょうか。

しかし、第1章で紹介したように、頭の中にある知識次第で、ものの見え方や理解のしやすさが変わるのが、私たちの情報処理の大きな特徴です。自分の知っていることと新しく見たり聞いたりしたことがつながった時に、はじめて本当に「理解した」状態になるわけです。その特徴をふまえると、授業で教わることについて、前もって知識を持っておくことはものすごく大切になります。そもそも授業で教わる内容を深く理解できていなければ、いい復習ができるはずもありません。

こうしたことを実感してもらうために、次の文章を読んでみてください。

たかしは窓口で10ドル払いました。みどりは彼に5ドルわたそうとしましたが、彼は受け取りませんでした。それで、彼らが中に入ってから、彼女はアイスクリームを2つ買ってきました。彼は、うれしそうにそれを受け取りました。

この文章はどういったことを述べているものか理解できたでしょうか。では文章に戻らずにそのまま、以下の三つの問いに答えられるかチャレンジしてみましょう。

（1）みどりは何ドル払ったでしょうか
（2）たかしは何個アイスを食べたでしょうか。
（3）たかしは何ドル払ったでしょうか。

結果はどうでしょうか？　10、5、2など、なんとなく数字が頭に残っていても、しっかりと文章の内容を理解できていないとこれらの問題に答えることはできません。

次に、事前の知識として、この文章は「映画館のデート」の話だということを理解したうえで、もう一度文章を読んでみてください。

どうでしょうか。1回目に読んだ時とは違って、かなり深く「理解」できたのではないでしょうか。おそらく、二人のやり取りの様子や、セリフまで鮮明にイメージできたのではないかと思います。

私たちはすでに映画館とはどういう場所で、どういう作りになっているのか、デートでは代金を支払う時にどういうやりとりが行われるのかなどについて、知識やイメージを持っています。そのため「映画館のデート」の話と聞いただけで、頭の中にある知識をうまく使えるようになり、文章の情報を自分の知識と結びつけながら、「なぜみどりはたかしに5ドル渡そうとしたのか（自分のチケット代を払おうとしたんだろう）」「なぜたかしは受け取らなかったのか（チケット代を奢ってあげたんだろう）」「なぜみどりはアイスを二つ買ってきたのか（チケット代を奢ってもらったお返しをしたんだろう）」など、さまざまな「なぜ」まで理解できるようになったわけです。

第1章では洗濯の文章の例で説明しましたが、これも私たちが頭の中にある知識を使いながら、情報を理解して取り込んでいる証拠です。

　ここでは短い文章の例ではありましたが、これと同じように授業で教わる内容を深く理解する上では、予習をして、授業に関する知識を先に持っておくとかなり有利になります。特に、授業だけで深く理解することが難しい内容の時こそ、予習は効果を発揮します。「教科書を読んでもわからないくらい難しい内容を扱っているのだから、予習するなんて無理だ」と思うかもしれません。しかし、そんなに難しい内容を授業だけで理解しようとする方が大変です。

　学校の授業では、知らない用語が次々と出てきます。聞いたこともない、意味もさっぱりわからない用語がたくさん出てくるのに、さらにその先にある「なぜ」について、授業中だけで理解するのは至難の業です。「どんな用語が出てくるのか」「どんな問題を扱うのか」を予習で知っておくからこそ、その知識を使いながら授業の細かな情報を結びつけ、「なぜそうなるのか」まで理解できるようになるのです。

　授業がまったく理解できない、もしくは理解できたような、できていないような状態で自宅で一人で復習することもあるでしょう。こうした時、授業と違ってわかりやすく教えてくれる先生はいないので、「なるほど、そういうことだったのか」と気づきを得ることはあまり期待できません。そうならないためにも、まずは予習をして、授業でどんなことを扱うのかの知識を持っておいて、「ここが全然わからないからどうにかしたい」というポイントをいくつか持って授業を受ける必要があります。

授業では、多くの生徒がつまずくような難しいポイントについて、先生が丁寧に教えてくれるはずです。それを逃さずにしっかり理解して、復習で確実なものにしていく流れをしっかり身につけましょう。

†予習の効果といえる事例

ところで、少し余談になりますが、塾や予備校の講師の授業がわかりやすく思えるのはなぜでしょうか。もちろん、塾や予備校の講師は勉強を教えることに特化して日々仕事をしているわけですから、教え方のノウハウをたくさん知っていることは間違いありません。知識どうしをつなげたり、整理したり、この本でも紹介してきた「精緻化」や「体制化」を駆使して、授業をわかりやすく、魅力的なものにしていると思います。

しかし、授業を受けている人が、「なるほど、そういうことだったのか」という感覚をたくさん持てるのは、「学校の授業で一通り学んでいる」ということも関係しているのではないでしょうか。受験に向けて塾や予備校の授業を受ける場合、学校で一度学んだ内容について再度深く学んでいくので、学校の授業が予習のように機能し、塾や予備校の授業がメインの学習の場となっている可能性が考えられるのです。

実は、筆者は大学受験の時、現役で東京大学に合格することができず、一年間予備校での浪人生活を経験しました。浪人の一年間は、授業をきちんと理解することができ、成績も上がっていきました。それは現役の時に一通り勉強をしていたからだと感じています。現役生の時は、入試本番までに出題範囲の勉強を終わらせることで手一杯で、内容を深く理解するまでには至りませんでしたが、浪人生の時は、一通り知識が頭にある状態で予備校の授業を受けたので、知識どうしがつながって、「なぜそうなるのか」について深く理解することができました。つまり、現役生の時の勉強が「予習」の働きをして、浪人生の時の予備校での授業の効果が格段に上がったのだと思います。

中学や高校の勉強を振り返ると、筆者はあまり予習をしておらず、テスト前に復習中心の勉強をしていました。しかし、前もって知識を持っておくと格段に授業がわかりやすくなること、授業の中で知識がつながり、深く理解できるようになることを大学受験を通して経験したので、それからは積極的にいろんな場面で予習をするようになりました。

そして、大学院に入り、教育に役立つ心理学の研究をしようと思った時に、「心理学の視点から見ても、予習には効果があるのだろうか」「効果的な予習の仕方とはどのようなものなのだろうか」といったことにあらためて興味がわいてきました。そこで、中学生に勉強を教えながら予習の効果を調べたり、中高生を対象として予習に関するアンケート調査をしたりして、論文を書きました。その時に行っていた予習に関する研究結果は第5章で詳しく紹介することにします。

†自己調整学習

さて、ここまで、学校で習うことをしっかりと理解する上で、また、社会人になってからも効率よく学んでいく上で、予習—授業—復習という流れで学習を進める力をつけることが大事だと説明してきました。では、予習から授業、授業から復習へと効果的に学習をつなげるには、どうすればよいのでしょうか。その時にヒントになるのが、自己調整学習の研究です。

教育心理学では、「自己調整学習（self-regulated learning）」というテーマのもと、自分で自分の勉強を深めたり、調整することができる、自立した学習者についてさまざまな研究が行われてきました。自己調整学習の研究で目指されているのは、工夫しながら学んでいける学習者です。自立した学習者は、勉強する時にさまざまな種類の工夫を行っています。これまで説明してきた学習方略がそうした工夫にあたります。

さらには、学習方略と学習成績の関係を分析することで、どのような学習方略が効果的なのかを調べたり、生徒の学習方略を変えるにはどうしたらよいか、効果的な学習方略を身につけさせるにはどうしたらよいかについてたくさん研究されてきています。

加えて、自己調整学習の研究で中心的に扱われてきたテーマが動機づけ、つまり、やる気です。自立した学習者は、勉強に対して積極的に取り組んでいると考えられます。そこで、どうしたら勉強に対するやる気を高めることができるのか研究されてきたわけです。

序章で紹介したように、勉強に取り組む理由は人それぞれです。そこで、勉強に取り組む理由が、勉強の量や質（学習方略）にどのような影響を与えるかが調べられ、どういった働きかけをすれば、やる気が高まるのかが検討されてきました。そして、最近では、自分で自分のやる気を引き出したり高めたりする動機づけ調整方略も「学習方略」の一つとして扱われるようになっています。

ここまでの話は以前にもふれたことになりますが、自己調整学習の研究でとても特徴的なのが、学習を「見通し」「実行」「振り返り」というサイクルで捉えている点です。私たちは何かの活動に取り組む時には、必ず「見通し」を立てて、実際に活動を実行して、その後には、実行した結果について「振り返り」をして次の活動につなげていくということをやっています。そして、このサイクルを回しながら、自分の勉強を自分で調整できる人が、自立した学習者ということになります。

こうしたサイクルは色々なところで使われていますし、みなさんも意識していないだけで、これまで使っているのではないでしょうか。

たとえば、中間テストに向けて計画を立てて（見通し）、実際に勉強に取り組んで（実行）、テストが返ってきたらその結果を見ながら、自分ができていたところ、できていなかったところをチェックする（振り返り）。これは、自己調整学習で言われているサイクルにあたります。そして、自分の勉強を振り返った結果、たとえば数学のテストで「三角関数の公式がまだ使いこなせていなかった」ということがわかったら、「三角関数について教科書を読み直そう」といったように、次の勉強の「見通し」につながっていくわけです。

また、先ほどの例のように「自分の理解」を調整することもあれば、「自分の学び方（学習方略）」を調整することもあります。たとえば、「テスト勉強を始めるのが遅くて間に合わなかった」といった自分の計画の立て方、「ノートを眺めるだけになってしまった」といった勉強のやり方を反省すれば、次のテストの時までにそれらを見直すことができるでしょう。これは、テストをもとに、学び方（学習方略）を調整しているということになります。

宿題一つとっても、このサイクルが大切な役割を果たします。宿題にどのくらい時間がかかりそうか、いつどこでやるのかの「見通し」を立てて、実際に取り組んだら、ちゃんと宿題に取り組めたか、どのくらい時間がかかったのかの「振り返り」をする。もし、「思ったより時間がかかってしまって寝るのが遅くなってしまった」とか、「自分の部屋でやろうとしたら漫画を読んでしまって全然取り組めなかった」などに気づいたら、次に宿題に取り組む時にはもう少し早めに始めるようにしたり、カフェや図書館でやるようにしたりと、自分の学習の改善につなげていけばよいわけです。これは「宿題」を中心に自己調整をしていることになります。

このサイクルは社会人になってから仕事をする時にも大切です。むしろ、この自己調整学習の発想や考えは、仕事の世界では「ＰＤＣＡサイクル」としてよく知られている話です。ＰＤＣＡとは、Plan（計画）、Do（実行）、Check（振り返り）、Act（改善）の頭文字をとったもので、仕事をうまく進めていくためにとても大切だと言われています。

たとえば、仕事に取り組む時に、（1）目標を設定して、どのようにそれを達成するのかの計画を立てる、（2）計画を実行する、（3）計画通りにできたか、また、できなかったとしたらなぜうまくいかなかったのかをチェックする、（4）今後どのような対策や改善をする必要があるのかを考える、というサイクルを回すことで高い成果をあげられるようになるといわれています。

†サイクルを回すには

「見通し」「実行」「振り返り」のサイクルを回す力は仕事で必ず必要になります。そのため、学校に通っている間に、宿題に取り組む時や、定期テストの勉強をする時に、このサイクルを回す力をつけておくことが望ましいでしょう。

このサイクルを回す時に、常に働いているのがメタ認知です。第3章では、なかなか宿題に取り組めない生徒が自ら宿題ができるようになるために、学習の記録をつけておくとよいという話を紹介しました。これは自分の取り組みを記録することで、「モニタリング」したり、自分の学習の調整、つまり「コントロール」をしやすくしているわけです。

上手な学習者は、あまり意識していなくても、自然と「モニタリング」を行いながら、自分の学習を調整しています。上手な学習者が無意識的にやっていることを、意識的にやるために学習の記録をつけて見える形にしているのです。

第3章で紹介した「学習方略の探究活動」も、この自己調整学習で言われているサイクルを意識した取り組みだと言えます。中間テストに向けて、どの学習方略を使って勉強するのかの計画を立てて、実際にテスト勉強をして、テスト結果を振り返って学び方の改善につなげていくということをやっていったわけです。

普段、勉強をしている時は、「授業についていけているか」「わからないところはないか」などのように、内容の理解度について考えがちで、自分の勉強の仕方を振り返って改善していくことには、なかなか気が回らないと思います。そのため、総合的な学習の時間を使った探究活動の一環として、自分の取り組みを見える形にして、学習方略の改善につなげていきました。

ではあらためて、予習―授業―復習を上手につなげて、理解を深めていくにはどうしたらよいでしょうか。

ここまでの議論から、予習、授業、復習というそれぞれの学習活動に対して「見通し」

を持って取り組み、取り組んだ後は「振り返る」ことが大切になります。仕事でいうところのＰＤＣＡサイクルのように、日々の勉強も、計画を立てて、取り組んで、振り返って改善につなげる作業の繰り返しです。

特に、「予習してみてわからないことがあるから授業でその問題を解消する」「授業でまだ理解が怪しい部分があるから復習で定着を図る」といったように、予習―授業―復習を効果的につなげていく上では、「振り返り」が特に重要な役割を果たします。予習をした時に「自分は何がわかったのか」「何がまだわかっていないのか」を振り返るからこそ、それが授業に向けた「見通し」につながって、授業での目標が定まるわけです。

授業と復習の間も同じで、授業で学んだ内容について、自分がどこまでわかったのか、どんなことがまだわからないのかについて「振り返り」をします。それが復習に向けた「見通し」となって、スムーズに復習へとつなげていくことができます。自分自身について振り返る「モニタリング」と、調整を行う「コントロール」はセットです。振り返り（モニタリング）をするからこそ、調整（コントロール）ができるわけです。学習をしたら常に「振り返る」という姿勢を意識したいところです。

ただし、実際に予習や復習をするとなると、注意しなければならないこと、考えておかなければならないことが色々と出てきます。以降の第5章と第6章では、教科の勉強での具体例や、これまでの研究の例も紹介しながら、予習や復習のやり方について説明していきます。また、効果的な予習方法や復習方法がわかったとしても、どうしてもやる気が出ない教科や苦手な教科もあると思います。そうした時にはどうしたらよいか、最低限やっておくとよいことについても、以降の章で考えていきたいと思います。

第5章

効果的な予習法とは

予習にありがちな誤解

先生：みなさんは予習をやり始めたと言っていますが、どうやって予習をしていますか？

A：え、特に特別なことは何もやってないです。どの教科も、次の授業でやるところを「ふーん」って感じで読んでいるだけですね。授業でやることがイメージできればいいかなというか。

B：私は英語の予習をしていますが、授業で出てくる単語の意味を調べたり、自分なりに訳してみたりしています。それ以外の授業では予習はしないです。

C：私は1回予習してみたんですけど、何をどうやったらいいかわからなくて結局やらなくなりました。

D：数学で予習をしているんですけど、問題を解いて、できなかったところは参考書を読んでちゃんと納得できるようにしています。

この4人の予習に対する意見について、みなさんはどのような感想を持ったでしょうか。予習が大切だということは第4章で説明しましたが、それぞれの教科で、どんな予習をしておけばよいかについてはしっかりと考える必要があります。とりわけ予習に関してはどういうことをすればよいのか、人によってイメージするものがかなり違います。そのせいで生徒も、そして先生も、ものすごく負担に感じてしまうことが多いようです。そのため、まずは、予習に関する、ありがちな誤解をいくつか押さえておきましょう。

一つ目の誤解は、「予習で完璧に理解しないといけない」というものです。Aさんが言っているように、予習の目的とは「授業で何をやるかの見通しを持つこと」や「授業を深く理解するために必要な知識を持っておくこと」です。何を授業で学ぶのか、どんなことを教わるのかがまったくわからないまま授業を受けたら、最初から最後まで緊張しっぱなしになります。でも、その授業の見通しを持っていれば、大切なポイントに集中して授業を受けることができます。

そのため、予習の段階で学習内容をしっかりと理解しておく必要はありません。そこまでやると、授業を何のために受けるのかわからなくなってしまい、退屈になってしまいます。あくまでも、授業を受け終わった時に「バッチリわかったぞ」という状態になっていることが目標なので、予習と授業をセットで考えておくことが大切です。

授業中にしっかりと理解するためには、授業でどんなことをやるのかのイメージや、授業内容に関する知識を予習によって大まかに持っておけばよいでしょう。そうすれば、あとは「わからないところ」「注意して聞きたいところ」を押さえて授業を聞けば理解の仕方が変わっていきます。

冒頭の発言をみると、Dさんはしっかり予習をしていて、すごいなと思うかもしれませんが、そこまで頑張る必要はありません。毎日、みなさんは学校で5時限目、6時限目まで授業を受けているわけですから、それぞれの教科で、ちゃんと理解できるまで予習していたら疲れ果ててしまいます。そのため、極端な話、授業前の休み時間の5分でできるくらいの予習でよいので、授業の大まかな内容を把握しておきましょう。

二つ目の誤解として挙げられるのは、「わからないから予習できるはずがない」というものです。実際に「予習をしてもわからないはずだから予習をさせる意味はないと思う」とおっしゃる先生もいらっしゃいます。これは、一つ目の「予習で理解しないといけない」という誤解から派生したものでしょう。予習を「理解しなければいけないもの」と思うからこそ、「一人で予習をするのは無理だ」といった発想に陥ってしまうのです。

繰り返しになりますが、予習の段階では「わからないこと」がわかることが大切なので、内容を理解できなくてもよいのです。それでも、数学や物理、化学などは、難しい用語や数式が多く出てくるので「教わっていない状態でこうした内容に触れるのは苦痛でしかない」「わからないことだらけで、どこがわからないかもわからない」といった意見を持つ人がいるかもしれません。ただ、よく考えてみてください。教科書を読んでもまったくわからないような難しいことばかりが出てくる内容を、授業一回受けただけで深く理解しようとする方がもっと無茶なのではないでしょうか。

冒頭の発言で、Cさんは予習をしてもわからないからやめてしまったと言っていますが、これはとてももったいないと思います。確かに教科書を読んでもわからないのはすごく嫌なことかもしれませんが、たとえわからなくても「この式のここが意味がわからない」「少なくとも授業でここだけはわかるようにしよう」といったことを予習から考えられるようになるとよいでしょう。

三つ目の誤解は、予習をすごく形式的なものとしてイメージすることです。

たとえば、「教科書の問題を書き写す」「教科書を音読してくる」といったものを予習だと考えている人がいます。こうした予習のイメージは、特に小学校で強いのではないでしょうか。予習では、次の授業でどのような内容を学ぶのかを知っておくことが大事なので、予習の目的が「書き写す」とか「音読する」などの作業になってしまっていては意味がありません。

予習するうえで大切なことは、頭をちゃんと働かせることです。極端な例を挙げると、教科書に書いてあることを写すだけなら、テレビを見ながらでもできてしまいます。これでは頭の中に「授業のイメージ」が描けることはないでしょう。「授業中に問題を写す時間を省略した」という以上の効果は期待できません。予習で「教科書を書き写す」場合や「教科書を音読する」場合、そうした作業自体に注意が向いてしまって、本来予習で大切なはずの「次の授業のイメージを持つこと」「授業を理解するために必要な知識を持つこと」がすっかり抜け落ちてしまう可能性があるのです。

†予習をすると知識の「なぜ」まで理解できる

実際、予習にはどのような効果があるのでしょうか。それは、知識の「なぜ」まで理解できるようになることです。ここでは予習の効果について筆者が行ってきた研究をいくつか紹介しておきます。

最初の研究では、夏休みを利用して、中学2年生を大学に集めて5日間の学習講座をやりました（篠ヶ谷 2008）。

筆者はその中で、歴史の授業を担当しました。参加者の生徒には1回50分の授業を4日間受けてもらいました。1回の授業で扱った分量は、ちょうど教科書の見開き1ページ分です。この研究では、歴史の教科書を読んで予習をしてから授業を受けるクラス（予習群）、教科書を読んで、さらに「なぜ」で始まるような質問を書いておくクラス（質問予習群）、そして、いきなり授業を受けてから歴史の教科書を読むクラス（復習群）に参加者を分けました。

予習群の生徒は、授業の最初の5分で教科書見開き1ページ分を読んで予習をしてから授業を受けました。質問予習群の生徒は、予習群の活動に加えて、「なぜ～」の形で、「教科書を読んだだけでは理解できなかったこと」を、質問として書くことを予習中に行いました。復習群の生徒は、予習した2クラスとは活動の順序が逆で、授業を受けた後で、授業のおさらいとして5分間教科書を読みました。

ちなみに、この研究では家で予習してくるのではなく、授業の時間中に、教室で一斉に予習をしてもらいました。これは、家で予習をさせるとやってこない生徒が出てきたりして、「予習をすることの効果」が調べにくくなってしまうからです。

生徒が事前に学習講座で習う内容の知識をもっていると、予習の効果を調べることができなくなってしまうので、この研究では学校でまだ教わっていない「第一次世界大戦」を扱いました。4日間の内訳は、（1）大戦の背景となった帝国主義や各国の対立関係について、（2）バルカン半島をめぐる対立と大戦の勃発について、（3）日本の参戦とシベリア出兵について、（4）大戦の終結についてです。

各回の授業はいずれも、教科書の内容に沿って、教科書に書かれていることの「なぜ」まで扱いました。図表5-1に、2日目の授業の教科書の内容と、授業の内容の例を挙げます。2日目の授業では大戦の背景となった各国の対立構造を扱いましたが、歴史の教科書には、「ドイツがフランスやロシアと対立を深めた」「バルカン半島をめぐって、ロシア

	①予習で読んだ教科書の内容	②授業で説明された内容
帝国主義諸国の対立関係	急速に力をつけたドイツが（略）フランスやロシアとの対立を深め、オーストリア・イタリアと三国同盟を結ぶと、イギリスはフランス・ロシアと三国協商を結び、対抗した。	民族の違いや目的とする植民地の位置関係など、各国が対立した理由について解説し、こうした小さな対立の集まりから、三国同盟対三国協商という大きな対立関係ができていたことを説明。
バルカン半島をめぐる対立	バルカン半島ではセルビアなど諸民族がトルコから独立をめざしていた。ロシアとオーストリアは、この動きを利用して半島に勢力をのばそうとして、対立していた。	それまでバルカン半島を支配していたトルコで革命が起こったことで、バルカン半島進出を目指すオーストリアとロシアの対立が加速していった、という流れを、ヨーロッパの地図を描きながら説明。
大戦の勃発	サラエボ事件が起こると、オーストリアはセルビアに宣戦し、ロシアはセルビアに味方して軍隊を動かした。（略）こうして、第一次世界大戦が始まった。戦争は予想をこえて長引き（略）、新兵器も使われた。	侵略を進めるオーストリアに対し、セルビアが反対していた理由や、オーストリアとセルビアの開戦後、ロシアがすぐにセルビアに味方した理由について、民族の違いやバルカン半島をめぐる争いと絡めながら説明。

図表5－1　予習で読んだ教科書の内容と授業で説明された内容

とオーストリアの対立が激しくなり、バルカン半島はヨーロッパの火薬庫と呼ばれた」「サラエボ事件が起こって第一次世界大戦に発展した」と書かれていますが、なぜドイツがフランスやロシアと対立したのか、なぜバルカン半島をめぐる対立が激しくなったのか、なぜサラエボ事件が起こったのかなどは書かれていません。そんなことまで詳しく書いていたら、教科書がとんでもない厚さになってしまうからです。

勉強では一つ一つの知識について、「なぜ」を理解して、その背景を押さえておくことが大切です。そのため、この実験の授業でも、こうしたことを授業で学んでいきました。歴史の「なぜ」を理解することを目標として、教科書の流れに沿って、その時に各国が狙っていた植民地などもわかるように、世界地図を使いながら説明をしていきました。

このようにして、授業前後の活動に違いをつけた三つのクラスで、4日間の授業の理解度に違いが出るかを調べるため、5日目にまとめのテストをしました。テストは2種類用意しました。一つは一問一答形式の「単語再生テスト」で、「第一次世界大戦中、日本が中国につきつけたものはなんですか」などの問いを15問出題しました。もう一つは「因果説明テスト」というもので、授業で教えた「なぜ」を説明させる、短い記述式のテストです。たとえば、「なぜイギリスはインドを支配したのか」「なぜイギリスはエジプトを支配したのか」などの問いに対して、自分の言葉で説明を記述してもらいました。

単語再生テストは15点満点、因果説明テストは30点満点でした。これらのテストで各クラスの平均点は図表5－2の通りで、単語再生テストではクラス間に差はありませんでしたが、因果説明テストでは、予習した二つのクラスの方が復習したクラスより高くなっていました。

予習をした二つのクラスは、先に教科書を読んで、教科書に書いてある知識が頭にある状態で授業を受けていました。このように、予習によって「授業でどんな内容を扱うのか」について見通しを持てたこと、また、図表5－1の①のような知識（たとえば、ドイツがフランスやロシアと対立していたこと、ロシアとオーストリアが激しく対立したことなど）を前もって知っていたことで、授業ではそうした知識（図表5－1の①）と、新しく説明されたこと（図表5－1の②）を結びつけながら、勉強する時に大切な、知識の「なぜ」の部分まで理解できるようになったのです。

一方で、授業の後に教科書を読んだクラス（復習群）は、見通しや予備知識なしに、いきなり図表5－1の①と②の両方を扱ったので、理解が追いつかなかったと考えられます。

復習群も、予習した二つのクラスと同じ内容の授業を受けていますし、「教科書を読

	予習群 ($n=16$)	質問予習群 ($n=16$)	復習群 ($n=13$)
単語再生テスト （15点満点）	6.81 (3.01)	6.62 (3.93)	5.91 (3.20)
因果説明テスト （30点満点）	14.68 (4.60)	14.84 (4.83)	11.46 (5.31)

図表5-2　各クラスのテスト得点（平均値）と標準偏差

む」ということも授業後にやっているわけですから、どのクラスも「学習の量」という点では互角のはずです。それなのに、授業の理解の仕方に差が出てきたのです。繰り返し説明してきたように、私たちは自分の知っていることと結びつけながらものごとを「理解」しています。そのため、難しい話、複雑な話をきちんと理解するためには、教科書に書いてあるような知識を前もって持っておいた方がよいということです。こうした実験の結果から、予習によって、「なぜ」まで理解できるようになることをわかってもらえたかと思います。

†予習の仕方と授業の受け方を調べた研究

では予習をすると、なぜ授業の理解が深まるのでしょうか。

それは、予習することで授業の受け方が変わるからです。たとえば、英語の勉強で、単語や英文の意味を調べておくとどんなよいことがあるか考えてみましょう。この章の冒頭で、Bさんは英語の勉強の時に、「単語の意味を調べておく」とか「英文を自分なりに訳しておく」といった予習をしていると言っていました。全体的に授業の予習はあまり行われていないのが現状ですが、英語に関して予習が行われているようです。実際、家庭学習の調査では、学校の先生は「単語の意味調べ」「和訳」などの予習を課していることが報告されています（根岸 2007）。さらには、生徒も授業を受けるための「下準備」のような感覚で予習をしているようです。

では、こうした予習をすると授業でどのような違いが出てくるのでしょうか。この点について、筆者は、高校生の英語の勉強を例に調査をしていますので、その研究の結果を見ていきましょう（篠ヶ谷 2010）。

高校生を対象にしたアンケート調査で、「単語の意味を調べておく」「英文を自分なりに訳しておく」といった知識の準備と言える予習や、「単語の意味を自分なりに予想してみる」「英文の訳を自分なりに予想してみる」などのように、「推測」と言える予習をしておくことで、授業の受け方がどう変わるのかを調べました。

また、この調査では、授業の受け方として、「自分の理解度や疑問点をチェックしながら授業を受ける」というモニタリングや、「大切な情報をノートにメモする」などの精緻

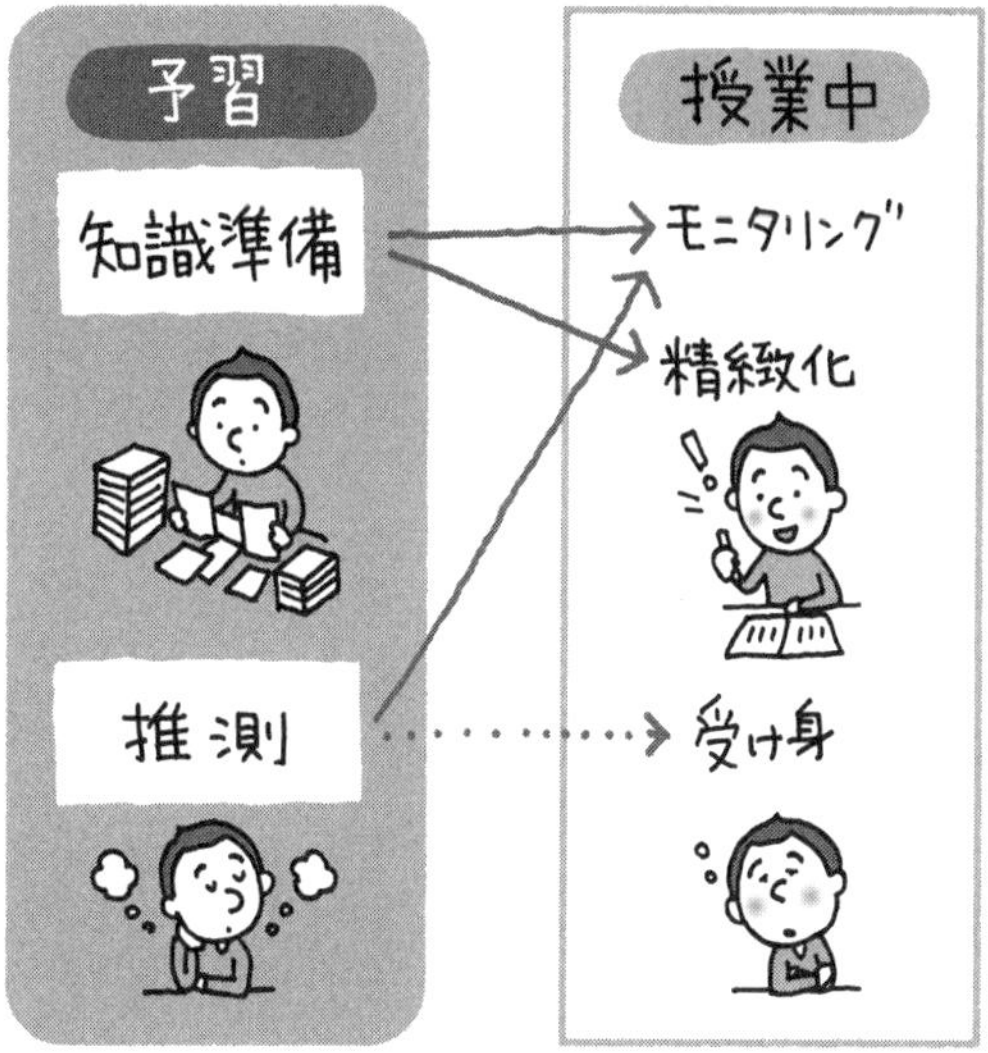

図表5－3　英語の予習の影響

化方略に関する質問項目にも答えてもらいました。また、「あまり意味を考えずに黒板に書かれていることをノートに写す」といった「受け身」の方略についても質問項目がありました。分析の結果、明らかになった関係を図表5－3に示します。

図表5－3の実線の矢印はポジティブ（促進的）な影響を意味しています。矢印の出発点の得点が高いほど、矢印の終着点の得点も高くなっているということです。破線の矢印は逆で、ネガティブ（抑制的）な影響を意味します。

矢印の出発点の得点が高いほど、矢印の終着点の得点が低くなります。この図をもとにして、どんな予習をしておくと、授業の受け方がどうなるかを紐解いていきましょう。

†わからないことをチェックしながら聞けるようになる

まず、「知識準備」と「モニタリング」の間に実線の矢印が見られているので、予習で「知識準備」をしておくと、授業中の「モニタリング」が増えることがわかります。具体的には、英単語の意味を調べておく、英文を訳しておく、といった知識の準備をしておくと、「わからないところは何か」をモニタリングしながら、授業を受けられるということです。

また、「推測」と「モニタリング」の間にも実線の矢印が見られるので、「予習で英単語や英文の意味を自分なりに推測しておくと、授業では自分がわかっていないところが何かをチェックしながら聞けるようになる」ということがわかります。

しかも、「推測」と「受け身」の間には破線の矢印がありますので、「自分なりに考えておく」という予習をすると、授業では「板書を写すだけ」「説明を聞くだけ」といったような受け身の姿勢が弱まる、つまり、積極的に授業を受けられるようになると言えます。

†自分の言葉でメモがとれるようになる

他にも、図表5－3を見てみると、「知識準備」と「精緻化」の間にも実線の矢印があります。つまり、「単語を調べておく」「英文を訳しておく」などの予習をしておくと、授業で精緻化方略が使いやすくなるということです。ここで言う精緻化とは、「自分の言葉でメモを書き込む」「板書には書かれていない情報をメモする」などです。

この本で繰り返し説明してきたように、自分の言葉でメモを残すという作業は、授業で聞いた情報と自分の頭の中の知識をつなげないとできないので、精緻化方略にあたります。予習で調べた内容を教科書やノートに書き残しておけば、授業中、さらに情報を書き加えたり、もし自分の訳が少し変なら直したりできます。頭の中だけではなく前もって教科書やノートに情報を書き出しておけば、そこにどんどん新しい情報をつなげていき、精緻なものにできるわけです。

実際、ノートのメモに注目した研究でも、同じノートを使って学習を繰り返すとどんどんメモが増えていくことが示されています（Kiewra, Mayer, et al. 1991）。こうした研究結果からも、予習の時に英語の訳を書いておいたり、単語の意味を書いておけば、授業の中の情報がつながりやすくなり、メモもとりやすくなるということがわかるでしょう。

これまで英語の勉強では、単語や文の意味を調べておくなどの予習方法が推奨されてきました（酒井 2001）。その情報に加えて、こうした予習方法には授業中のモニタリングや精緻化を促す効果があることは押さえておくとよいでしょう。今までよく考えずに英語で予習をしていた人も、こうした効果を意識するとよりよい予習が可能となります。

†予習をすると質問できる

予習の効果は英語だけに限ったものではありません。数学でも同じような予習の効果が確認されています。

筆者の別の調査では、数学に関して「教科書のこれから習うところを読んでおく」「授業でやりそうな例題を解いておく」「なぜそうなるのか考えながら教科書を読む」「教科書のわからないところにしるしをつけておく」といった予習についての質問項目に対して、自分はどのくらいやっているかを回答してもらいました。そして、その結果と授業の受け方との関係を分析したのです。

この研究では、二つの授業の受け方に注目しました。一つ目は、授業の中で「教科書がわからないと質問する」「解き方がよくわからないときは質問する」といった「質問」に関する行為をどのくらいやっているかです。二つ目は、「まちがっていたときは解き方も書く」「問題を解くときは例題を参考にする」「先生が説明しているときはなぜかを考える」「先生が言ったことで大切なことはノートに書く」といった「精緻化」に関する点です。

英語の予習の研究のように、予習と数学の授業の受け方の関係を分析してみると、予習と授業中の「精緻化」の間にはポジティブ（促進的）な関連が見られていました。つまり、予習をしておくと、単に板書を写すだけのような受け身の受け方ではなく、「なぜ」を考えながら説明を聞くようになるなど、深い学習ができるようになることがわかりました。予習によって、授業中のメモが増え、モニタリングもしやすくなるという、英語の予習の調査と似た結果だと言えるでしょう。

また、予習は授業中の「質問」ともポジティブな関連を持っていました。何がわかっていないかがわからないと授業中、質問することはできません。自分の知っていることと、目の前にある情報を照らし合わせて、うまく嚙み合わないことがあると、私たちの心の中はモヤモヤした状態になります（心理学では、この状態を認知的不協和と呼びます）。私たちは、こうしたモヤモヤした状態を気持ちが悪いと感じるので、この状態をなんとか解消しようとします。その解消しようとする働きが、授業における質問です。

自分の知っていることと授業で知ったこととの食い違いが質問の出発点です。逆に言えば、ある程度知識を持っていないと質問はできないといえます。以上の話を合わせて考えれば、予習で教科書を読んだり、問題を解いておいたりすることで、授業中に質問しやすくなることは納得がいくでしょう。

海外の研究でも、これから学ぶ内容に関係する知識を前もって持っておくと、学習時に、自分の理解状態をチェックするようになることが報告されています（Azevedo ら 2004）。この研究では、以前にも紹介した研究のように、学習をしている最中に、どのようなことを考えているかを常に言葉に出してもらう方法（発話思考法）を使ってデータを集めました。予習のように先に知識を与えられた実験参加者は、学習中に、自分が何がわかっていて何がわからないのかに関する発話を多くしていました。これは学習方略の「モニタリング」といえるでしょう。

こうした研究の結果は、予習によって「質問」がしやすくなるということとつながります。予習で次の授業に関する知識を持っておけば、授業を受けている時に自分の理解度をチェックする「モニタリング」がしやすくなります。その結果、モヤモヤを解消するための質問がしやすくなるというわけです。

筆者も学会やシンポジウムに参加する時は発表者の資料に事前に目を通しておくようにしています。それは、ここまで紹介した実証研究の知見を知っているだけでなく、実際にそうすることで質問がしやすくなることを、経験を通して実感しているからです。

みなさんも予習をしてから授業を受けることで、先生の説明がわかりやすくなったり、発言や質問がしやすくなったり、色々なところでその効果を感じられると思います。むしろ、予習をして授業を受けた時と、予習をしないで授業を受けた時で、どんなところが変わるか比べてみてもよいかもしれません。もし予習をした時の方がわかりやすいな、授業中の議論に参加しやすいな、と感じたら続けるとよいでしょう。また、うまくいかなかったと感じたとしたら、もっと効果が感じられるようにするにはどうしたらよいかを考えていくとよいでしょう。さまざまな工夫をしながら、あなたにあった予習の方法を身につけていただければと思います。

†予習が効果を持つには

ここまで紹介した研究では、予習をして大まかに授業で扱う内容を知っておくことで、モニタリングをしながら授業が聞けるようになり、授業の中で「なぜ」という疑問を解消できるようになることがわかりました。

しかし、予習をすれば自然とこうした効果が得られるかというと、そうではありません。予習で得た知識について、「なぜ〜〜なんだろう」という疑問を持ち、そうした問いを解消しようと授業を受けなければ、こうした効果は生まれてこないでしょう。

146ページで紹介した筆者の研究（篠ヶ谷 2008）では、教科書を読んで予習をしておくと、授業では歴史の「なぜ」まで理解できるようになったと説明しました。ただし、この研究では、「なぜ」の理解を大事にしない生徒では、予習の効果が見られませんでした。学習講座を受けてもらう前にアンケート調査をして、生徒の勉強に対する考え方（学習観）を調べていました。第3章で紹介したように、学習観の中には意味理解志向という、勉強で知識のつながりを理解することを大切にする考え方があります。

歴史の勉強に対する学習観次第で予習の効果に違いがあるかを分析したところ、意味理解志向が高い人には予習の効果が見られていたのですが、意味理解志向が低い人では、予習の効果が見られなかったのです。このことから、「なぜ」を理解することを大切にしていない人は、せっかく予習をしても理解が深まらないことがわかりました。

歴史の教科書で「イギリスがエジプトを支配した」「ロシアとオーストリアがバルカン半島をめぐって対立した」などの記述を読んだ時に、「なんでイギリスはエジプトが欲しかったんだろう」「なんでロシアとオーストリアはバルカン半島が欲しかったんだろう」といったことが気になる人でなければ、「なぜ」の理解に集中して授業を受けることができないのです。

また、筆者の研究では、単に「なぜ」という疑問を持っておくだけでなく、自分なりの答えや予想をノートや教材に書いておくとより効果的であることもわかっています（篠ヶ谷 2011, 2013など）。授業では自分の予想が合っていたか、正しい答えや考え方とどう違うかを考えながら聞けるようになるので、理解が深まります。

ただし、予習時の予想は、これまで学んできたことや普段の経験から推測できるようなことに限られるので、必ずやらなければならないというわけではありません。たとえば、数学や理科で「なぜそのように解けるのか」「なぜその公式が成り立つのか」について、自分で証明を考えておくのは至難の業です。そうしたことは先生が授業中に教えてくれるので、無理して予習で自分なりに予想することはせず、「なんでだろう」という疑問を持っておいて、そこに注意して聞くことができれば十分です。

以上をまとめるなら、大まかにでよいので授業で何をやるのか知っておく、「なぜ」を問う疑問を用意しておく、といったことが、どの教科の、どの単元でもできる予習になります。

数学や理科なら「なんでこの解き方で答えが出せるんだろう」「なんでこの公式が成り立つんだろう」、英語なら「なんでこの英単語はこの意味なんだろう」、国語の物語文であれば「なんで主人公はこんなセリフを言ったんだろう」などが、授業に向けた「なぜ」の問いになるでしょう。こうした問いをもって、授業ではそれに注目すれば、理解を深めていくことができるはずです。

†予習をすると議論が活発にできる

ここまでは基本的に、先生が、教科書に沿ってそこにははっきりと書いていない知識の「なぜ」を教えてくれる時（反対にいえば、みなさんは先生の話を聞く時）に有効な予習について説明してきました。ただ、学校の授業には、先生の説明を一方的に聞くだけではなく、ペアやグループで議論をしたり、協力して課題を解決したりする場面もあると思います。現在、教育現場では、「主体的、対話的で深い学び」がスローガンにされています。先生はこうしたことを意識して、授業の中で、みなさんが「対話」をする時間を作っているはずです。

それでは、予習をすることと授業中の議論はどのような関係があるのでしょうか。この点については、反転授業の研究のなかで調べられています。反転授業とは、先に動画などで基本的な内容を学んでおいて、授業の中で議論をしたり、意見交換をしてさらに学びを深めていく、という授業スタイルのことです。

ここで紹介する研究は、「コンテンツ概論」という大学の講義のなかの、「電子書籍・出版」をテーマにした回をもとに調査したものです（澁川ら 2019）。予習として、パワーポイントのスライドを使った解説動画を視聴してもらいました。動画を視聴する際、学生にはワークシートを使用してもらいました。このワークシートが重要な役割を果たしていました。これまで、何かを学ぶ時には自分の知識とつなげるとよい、ということを繰り返し説明してきましたが、この研究の予習用のワークシートには、「自分の知識と結びつける予習」ができるように、あらかじめ10個の設問が印刷されていたのです。設問の構成は次の通りです。

設問1〜3：自分の知っていることを整理させるもの
　紙の書籍や電子書籍の長所・短所で思いつくことを書き出させる
設問4〜7：知っていることと動画の内容の違いを考えさせるもの
　講義動画を視聴した上でわかったことや、新たに気づいたことを記述してもらう
設問8〜10：知っていることと新たに学んだことを合わせて自分の意見を考えさせるもの
　2025年頃の電子書籍・電子出版はどのように変わっているか
　講義映像で学んだことや、設問1〜7で整理したことを参考にして考えさせる

　大学生には、予習の段階でこのような設問に対する答えを用意してから授業に臨んでもらい、授業では3人1組になって内容に関する議論を行ってもらいました。
　この研究で注目したのは、議論での「発話の質」、つまり、学生がどういう議論ができるようになったかです。議論の質は、深い発話と浅い発話の二つに分けられます。深い発

話というのは、「仮説を立てる」「身近な問題にあてはめる」「説明する」「論じる」「関連づける」といったように、理解を深めたり広げたりする大切な発話です。一方、「言い換え」や「認める・名前をあげる」などの発話は、会話を続ける上では有効ですが、理解を深めたり広げたりする機能は持っていない、浅い発話に分類されます。この二つの発話に注目しながら、それぞれのグループの中の発話を分析していきました。

結果、ワークシートを使って予習した人たちの議論では、深い発話が多いことがわかりました。具体的には、自分たちで議論のポイントを決め、仮説を立てて議論を進めていました。

また、自分の意見をワークシートに書き出すという予習は、別の形でも役に立っていました。学生たちは、ワークシートに自分が書いたことを見せあっていたのです。それによって「予習の段階での自分の考えが設問で求められていたものと違うかもしれない」と気づき、さらに深く考えることができていたというのです。

この研究からわかることは、議論するような授業に向けて予習をする時、自分の考えを用意しておくと、深い議論がしやすくなる、という点です。先ほどの研究のようなワークシートが準備されていない場合でも、教科書やノートに自分の予想や疑問を書いておけば、授業の時に役に立ちます（すでに説明したように、メモを書き残すという作業は、自分の頭の外に情報を記録するという、「外部記憶」と呼ばれる役割を持っています）。

予習時に考えたことが見える状態になっていれば、授業を受けている時にそれを見て自分の考えを思い出すこともできるし、議論をする時に、それを見せあうこともできます。「お互いの意見を交換しよう」「テーマについて議論しよう」という活動は少なからず授業の中で行われていると思いますが、なかなかスムーズにいい議論ができないのではないでしょうか。

特に、「自分の意見を言うのが恥ずかしい」という人はなかなか議論の中で発言することすらできないでしょう。心理学の研究では、議論をする時に、付箋に自分の意見を前もって書き出しておくと、意見を言うのが恥ずかしいと感じている人でも意見を言いやすくなる、ということが明らかにされています（小野田ら　2018など）。

こうした話もふまえると、授業中に話し合いや議論がある場合、やはり予習をして自分の考えを見える形で残しておくことが大事だと言えるでしょう。また、ここで注意してもらいたいのは、反転授業の中の予習であっても、動画を視聴して内容をしっかり理解しておくことが本質ではないという点です。

この章の最初に説明したように、予習の内容を完璧に理解しておく必要はありません。キーポイントは授業に使える知識を前もって持っておくことです。実際、この澁川らの研究に参加した学生も、ワークシートの設問に事前に答えておくことの効果を実感しており、「他の人とディスカッションをする前の段階で、まとめてもらった紙（ワークシート）に書いてあるし、「デバイスについて」とか「コンテンツ」についてとか、話しやすそうな気がしますね」といった感想を残しています。

†形だけ予習してもダメ

ここまで予習をしておくとどんなよいことがあるのか、予習の効果が得られるにはどうしたらよいのかを説明してきました。気をつけなければいけないのは、形だけの予習をしても意味がないということです。これは、勉強全般に言えることとです。

極端な例としては、英語の予習として「教科書の英文を写しておく」ことや、数学の予習として「問題文をノートに書き写す」ことが挙げられます。「英文を書いておけば文章全体のイメージも残るし、授業を聞いた時にメモを書き込みやすくなる」「数学の問題文をノートに書いて、その時にどう考えたら解けそうかをメモしておけば、授業で教わった解き方とどう違うか比べやすくなる」といった目的でやっているのであれば何も問題ありません。それは、授業を深く理解するために予習を活用できているからです。

授業を深く理解するためには、授業で扱う内容の全体像を押さえておくことと、特に注意したいところを見つけておくことが大切になります。勉強をしているとどうしても作業そのものに気が向いてしまって、自分がやったことに満足してしまいがちです。そうした事態を避けるためにも、なんのためにそれをやっているのかを常に自分に言い聞かせる必要があります。

先ほど紹介した筆者の研究で、教科書を読んで予習をしても、「なぜ」を理解することを大事にしていないと、授業での理解が深まらないという結果も、この話とつながります（篠ヶ谷 2008）。知識の「なぜ」を大切にしない生徒の場合、そもそも授業中に「なぜ」を問う気がないわけです。だから、いくら教科書を読んで予習したとしても、授業中も同じ内容を繰り返しただ聞いているだけに過ぎません。そのため、予習をしても理解が深まらないわけです。

では、こうした生徒が、授業で「なぜ」と問えるようにするにはどうすればよいでしょうか？　それを解決するために、筆者の研究では、予習の中で「なぜ」の問いを作っておきました（146ページの実験を振りかえってください）。この研究では、教科書を読むだけのクラス以外に、教科書を読んで「なぜ」質問を作るクラスも設定していたのです。しかし、実験の結果は意外なことに、「なぜ」質問を作るクラスでは、授業で「なぜ」の理解が深まっていないことがわかりました。このクラスでは、授業の冒頭の10分で教科書を読んで、「なぜ」で始まる質問を作るように指示したわけですが、その時間、教室を回って、生徒が予習している様子を見ていると、教科書の適当な文を見つけてきて、そこに「なぜ」を付けるだけの人がいることがわかりました。たとえば、「イギリスはエジプトを支配した」という文を抜き出してきて、「なぜイギリスはエジプトを支配したのだろう」という質問にするという感じです。

これがまさに「形だけの予習」です。質問とは、自分の知っていることと、目の前の情報が一致しなかったり、つながらないというモヤモヤを形にしたものです。教科書の文に「なぜ」を付けただけでは質問を作ったことにはなりません。

授業の全体像を知りたいから教科書を読む。授業で「なぜ」を理解したいから予習で「なぜ」の疑問を考えておく。作業や形に捉われないように、目的を持って取り組みたいものです。

†苦手な科目では少し工夫が必要

予習で大切なことは授業で何をやるかを大まかに知っておくこと、知識の「なぜ」について疑問を持っておくことであって、「予習では完璧に理解する必要はない」ということを繰り返し説明してきました。

とはいえ、こうした予習でも「やりたくない」「ハードルが高い」という人はいるでしょう。特に、自分が嫌いな科目や苦手な科目については、予習の壁が高いと感じるものです。筆者の娘は算数や理科は好きなので教科書を読むのも、問題を解くのもまったく苦にせずやっていますが、社会科だけはどうしても嫌いで、かなりの抵抗を示します。どうしたって私たちが興味を持つものは人それぞれです。得意不得意、好き嫌いがあります。では、どうすれば苦手な科目や嫌いな科目の予習ができるようになるでしょうか。

教育心理学では学習行動には「役立ち感」と「負担感」が影響しているということが知られています（佐藤 1998）。役立ち感とは「これは役に立つ、効果がある」という感覚を指します。専門用語では「有効性の認知」といいます。負担感は、「これは大変だ、面倒だ」という感覚です。こちらは「コストの認知」と呼ばれます。みなさんの想像通り、私たちは役立ち感を感じれば感じるほどその学習行動をとるようになります。

要は、やる価値がある、自分にとって意味のある行動だと思えれば、学習するわけです。逆に、負担感を感じるほど学習行動にうつろうとしなくなります。大変だとかめんどくさいと思ったらやっぱりやりたくないのです。

このことは、ダイエットに置き換えてみればわかりやすいでしょう。「1日1000回の腹筋を毎日続けましょう」と言われても、そんな方法はまったく採用する気になりませんよね。なぜなら、「役立ち感」は感じられるかもしれませんが、「負担感」がものすごく高くて、「とてもじゃないけど自分には無理だ」と思ってしまうからです。

予習にも同じことが言えます。筆者は予習をする人としない人では何が違うのかを調べるため、高校生にアンケート調査をしました（Shinogaya 2017）。その調査では予習に対して役立ち感を感じているほど、そして予習に対して負担感を感じていない人ほど予習をしていることがわかりました。先ほど説明した役立ち感や負担感が高校生の予習行動に影響することが実証的に示されたわけです。

この結果から、継続して予習に取り組むためには、まず負担感を減らすこと、つまり、なるべく簡便な方法で予習することが大切になります。

ここまで、予習では、次の授業で何を学ぶのかを把握しておいて、その過程で得た知識の「なぜ」について疑問を持っておきましょうと説明してきました。ただし、これだと負担感が強まって、大変な感じがするときは、「そもそも」というキーワードをもとに予習するとよいでしょう。「なぜ」は、知識の根拠や理屈を押さえることにつながり、知識を精緻なものにします。一方で、「そもそも」について考えることは、自分の言葉で嚙み砕いて言い換えることになります。そのため、知識の精緻化が促されます。同じように精緻化を狙った活動ですが、「なぜ」よりも「そもそも」の方が少しハードルが低い感じがするのではないでしょうか。

この「そもそも」について考えておけば、授業で出てくる言葉と結びつけていくことができるようになります。

たとえば、数学や理科の勉強ではいろいろな用語が出てきます。数学で「虚数」や「等比数列」、物理で「質量」や「モーメント」などの用語が教科書に出てきた時に、「そもそも虚数って何?」「そもそもモーメントって?」といった問いを立てておけば、授業ではその意味に注目しながら学習をすることができます。

このように、一つ一つの言葉に注目する予習方法は、筆者の調査でも効果があることが実証されています（篠ヶ谷　2010）。この調査では英単語の意味を調べておくことで、授業では「なぜその単語がそのような意味を持つのか」や「似た意味を持つ単語としては何があるのか」などの学習につなげていくことができることが示されています。「そもそも」をキーワードに予習をして授業を受けていけば、単に知識を頭に詰め込むだけではない、質の高い学習ができるので、意識してみるとよいでしょう。「問いを作ろう」と気張らないことも大切です。授業の全体像を掴んで、特に注意したいポイントがわかればよいわけですから、わからなかったところに下線を引くだけでもポイントは押さえることができます。

他にも、付箋を貼っておくのでも構いません。わからないところに付箋を貼っておいて、授業で疑問が解消されたら付箋をとる、といったルールにしておけば、付箋が取れていく気持ちよさも感じられて、予習の役立ち感を高めていくことができるでしょう。

予習は、授業での学習を充実させて、理解を深めていくためにはとても有効です。予習と聞くとなんだか学校の勉強の時だけの話に聞こえますが、すでに説明しているように、学習の効果を最大限に高める力は、仕事をする時、市民生活を送る上でも必要です。前もって知識を持っておくことで、メインの学習の際の理解の度合いが変わります。

先ほど説明したように、自分の苦手な科目や嫌いな科目ならなおのこと、授業を少しでもわかりやすくするためには予習をしておいた方がよいでしょう。もし予習のハードルが高く感じてしまうのであれば、「なぜ」ではなく「そもそも」を大切にしたり、付箋を貼る形にしてみたり、自分に合わせて予習のやり方を工夫してみましょう。これも大切な「自己調整」です。

予習をすることを目的とするのではなくて、「どうやったらわかりやすくなるか」「どうやったら効果が上がるか」を考えて、工夫して学ぶことを大切にしながら予習に取り組んでみてほしいと思います。

第6章　復習での工夫

†復習でありがちな勉強法

先生：みなさん、授業を受けるだけではなかなか学んだことが定着するまではいかないですよね。だから自宅で復習したほうがよいのですが、普段、復習はどうやっていますか？

A：予習もそうですけど、私は教科書やノートをもう一回見直すだけです。ざっと見て目に焼き付ける感じです。

B：自分は文系なので、数学が本当に苦手で、解けなかったら模範解答を見て、頑張って解き方を覚えています。解き方を覚えておけば、あとは数字を入れ替えて計算すればば楽だし。

C：私は英単語とか古文単語とか、とにかく何度も書いています。繰り返し書けばリズムが摑めるし、手が覚えてくれる感じがするので。

D：数学くらいしか復習はしていませんが、授業でやったのと似ている問題を探して、「確かこんな感じで解いていたな」って思い出しながら解き直しています。

ここであらためて考えてみましょう。なぜ復習をするのでしょうか。一言で言えばその日授業で学んだ内容をしっかりと頭の中に定着させるためです。

いくら集中して授業を受けても、また、予習して授業をしっかり理解したとしても、それだけで学んだことが完璧に定着するわけではありません。第4章でも説明したように、学習は一回で成立するものではなく、予習―授業―復習というサイクルを通して深まっていくものです。そのため、学んだことを確実に身につけるためには、上手に復習する必要があります。

ここでは「上手に」という点が大切となります。数学の復習でやってしまいがちな勉強方法が「解き方を覚える」というものです。冒頭のBさんのように、数学や理科が苦手な人がこの方法を使いがちです。苦手な人たちにとっては、そもそも理屈を理解するのが難しい。だから、模範解答を覚えてしまった方が楽だと思う気持ちもわからなくはありません。

同じような例として、「一生懸命勉強をしていてもなかなか成績が上がらない」という生徒にどんな方法で勉強しているのかを聞いてみると、赤ペンで書いた模範解答を赤シートで隠して覚えているという方法で勉強していることがあります。当然のことながら、こうした勉強方法だと、まったく同じ形の問題には対応できますが、応用が効かないので、少し捻った問題では通用しません。こうした方法で復習することは「上手な」復習とはいえないのです。

もう一つ、復習でやってしまいがちな勉強法として、「とにかく繰り返す」というものがあります。学んだことを「定着」させるという表現がよくない気もするのですが、「知識やスキルは繰り返すことでようやく定着するものだ」と考える人は少なくないようです。中学生や高校生に勉強を教えていると、Cさんのような、「何度も書いたり、何度も口に出して言ったりして体に染み込ませる」といった発言もよく聞きます。

もちろん、やらないよりやった方がいいことは間違いないのですが、私たちの情報処理の仕組みからすれば、単純に繰り返して覚えようとするよりも、自分の知っていることと結びつけたり、情報を整理する方が覚えやすくなったり、思い出しやすくなるのはこれまでの章で説明した通りです。

とは言え、テスト前にテストの範囲をまとめるために勉強をする時ならまだしも、毎日の勉強の中で、自分の言葉でノートにまとめたり、整理したりするのはなかなかハードルが高いでしょう。そこで、この章では、心理学の観点から、授業で学んだことを定着させるために、すぐに取り組める上手な復習の仕方を紹介していきたいと思います。まずは、問題を解いた経験を生かして、似たような問題を解くための復習方法を紹介していきます。

問題を解けるようになるには

数学や理科の勉強で採用されがちな「解き方を覚える」という方法は、あまりよいものではないことを説明しました。そもそも問題の数だけ解き方を覚えるなんて無理なことです。いくつかの問題の解き方を覚えていても、その方法では応用問題に答えることができないでしょう。

それでは数学や理科のような問題を解くタイプの勉強ではどういった方法で復習するの

がよいでしょうか。そこで肝となるのが「考え方のコツ」や「解く時のポイント」をつかむことです。それを実感してもらうために、有名な実験を紹介しましょう（Gick & Holyoak 1983）。彼らは様々な問題を使って実験をしていますが、以下では、よく知られている二つの問題を例にして説明していきます。

ある国の中心にある要塞を攻めたいが、要塞につながる道にはすべて地雷が仕掛けられており、大軍が通ると爆発する仕組みになっている。地雷を爆発させずに要塞を攻め落とすにはどうしたらよいか。

みなさんだったらこの問題をどうやって解決するでしょうか。ちなみに空軍を使ったり、地下を掘るのは反則です。あくまでも地上の道を使って攻めなければなりません。

この「要塞問題」の答えは「小さい軍隊を四方八方から送り込んで要塞部分で集結させる」というものです。確かに、小さい軍隊であれば地雷は作動しませんし、しかも、同時に四方八方から攻め込めば敵の軍隊も分散されるので返り討ちにあうこともありません。

この要塞問題とその解決方法を読んでもらった上で、以下のような問題に取り組んでもらいました（こちらは放射線問題と呼ばれています）。

がん細胞を破壊するには強い放射線を当てる必要がある。しかし、強い放射線を当てると途中にある健康な細胞まで破壊されてしまう。健康な組織を破壊せずにがん細胞を破壊するにはどうしたらよいか。

この問題はどうすれば解決するでしょうか。抗がん剤を投与するなど、放射線以外の治療法を使うのは反則で、必ず放射線を使わなければなりません。この放射線問題の答えは「弱い放射線を四方八方から当ててがん細胞のところで集結するようにする」というものです。こうすれば、途中にある健康な細胞を傷つけることなく、がん細胞にピンポイントで強い放射線を当てて腫瘍を破壊することができるというわけです。

この二つの問題は似たような構造になっていることに気づきましたか？　それぞれ単独で聞かれた時にはなかなか解決方法は思いつかなかったかもしれません。彼らの実験では、要塞問題を含めいろいろな問題を解いてもらっていますが、「要塞問題とその解決方法を自分の言葉でまとめておく」条件と、「要塞問題とは違うタイプの問題を自分の言葉でまとめておく」条件に分け、その後に放射線問題を解いてもらって、その結果を比較しました。このような比較をすることで、放射線問題の解きやすさが変わるかを調べたのです。

この二つの条件間で放射線問題の正答率を比べたところ、要塞問題の解決方法を自分の言葉でまとめた条件では多くの人が放射線問題に正解できました。それに対して、全く違うタイプの問題を自分の言葉でまとめた条件では正答率が低く、条件の間に大きな差が見られていました。

心理学では、過去の事例を新しい事例に当てはめながら考えることを「類推（アナロジー）」と呼びます。この実験結果は、問題の特徴を自分の言葉でまとめておくことで、類推（アナロジー）がしやすくなり、似た問題が出題されたとき、解きやすくなることを示していると言えます。

単に「問題の内容を自分の言葉でまとめる」ことに効果があると言うのであれば、要塞問題とは異なる問題を自分の言葉でまとめた条件でも放射線問題が正解できるようになったはずです。しかし、実際には要塞問題以外をまとめる条件では正解できる比率が低かったことがわかっています。

この実験結果の中に、私たちが復習の方法を考える時の大きなヒントがあります。そう、以前に似た問題を解いた経験をもとに類推（アナロジー）を使うことで、新たな問題が解きやすくなるのです。

そうした類推（アナロジー）を働きやすくするためには、どういうタイプの問題で、どのように考えると解けるのか、などの問題の特徴を自分の言葉でまとめておく必要があります。これが「考え方のコツ」や「解く時のポイント」をつかむということになります。

しかも、Gick & Holyoak の研究では、似たような形式を持つ複数の問題に触れた方が、コツをまとめておく効果が出やすいことも報告されています。つまり、いくつか問題を解いた上で、「この手の問題にはこういう考え方が有効だ」といったことを押さえておくと、類推（アナロジー）がさらに使いやすくなるのです。

確かに、一つの問題だけからコツやポイントを押さえることは難しく、そのコツやポイントが他の問題にも使えるか、やや不安になってしまうことがあるでしょう。だから、複数の問題を解いた上で、それらに共通する特徴やポイントをまとめておけば、別の似た問題に適用する際に確信をもって答えることができるでしょう。

「ポイントを押さえておけば、似たような問題が解きやすくなる」なんて、すごく当たり前で、簡単なように思うかもしれません。しかし、彼らの別の実験では、要塞問題とその解決方法を読むだけの条件では、放射線問題の正答率が低くなっていました。要塞問題やその答えに触れているにも関わらず、似た形式の放射線問題が解けなかったということは、私たちは、ちゃんと意識してポイントをつかむようにしないと、うまく類推（アナロジー）を使って考えることができないのだということを意味しています。

ここまで説明してきた「解いた問題から他の問題にも使えそうなポイントを引き出しておくこと」を、教育心理学では、「教訓帰納」と呼んでいます。とりわけ数学や理科の問題が解けなかった時に、単に答えを写したり、解き方を丸暗記するのではなく、自分が解いた問題を振り返って、「どういうタイプの問題か」「この手の問題を解くにはどう考えるとよいのか」を押さえる教訓帰納を使っていきましょう。

†教訓帰納は練習が必要

ここまで、解いた問題から他の問題にも使えそうなポイント、つまり教訓を引き出しておくことが大切だと説明しました。この教訓には少なくとも2種類あります。

一つ目は問題に関する教訓です。「この手の問題を解くにはどう考えたらよいのか」という教訓は、一つ一つの問題に即した教訓です。たとえば、「こういう問題は補助線を引いて合同な三角形を作ると解ける」といったことを押さえておくのは、その問題に関連する教訓であると言えます。

二つ目は「自分の弱点」であったり、「勉強方法」に関する教訓です。たとえば、「自分にはこの知識が足りなかったから解けなかったんだな」とか「もっとこういうことを大事にしながら勉強しておいた方がいいな」といったことを教訓として引き出すことができます。こうした教訓は、自分の勉強を改善していく上でとても大切であると言えます。

このような教訓帰納を使いこなすのは簡単なことではありません。勉強が上手な人は
「考え方や解き方のコツ」や「自分の弱点」を振り返って、その後の勉強に生かしていますが、そうした経験がない人がいきなりやろうとしても、うまく教訓を引き出せないことが多いのです。

教育心理学では、学び方を身につけていくには、（1）やり方を教わる、（2）やり方を真似する、（3）一人でやってみる、（4）いろんな場面で使いこなす、という4つの段階があることが知られています（Zimmerman & Schunk 2011）。特に重要なのは（1）や（2）の段階です。上手なやり方そのものを教わることは重要ですし、やり方を教わったとしてもすぐに使えるようになりませんので、よいお手本をたくさん見て、真似しながら練習す

ることが大切です。こうしたことは先の教訓帰納を身につける際にもあてはまります。

これまでも何度か話に出てきましたが、筆者が大学院時代に所属していた研究室では、児童や生徒に研究者が直接勉強のやり方を教える「学習法講座」を開催していました。そのため筆者もこれまでにいろんな学校に行って勉強のやり方を教えてきました。そのなかで「問題が解けるようになるには」という講座がありました。この講座はまさにこの教訓帰納を教えるものでした。

しかし、生徒は、やり方を紹介するだけではなかなか教訓帰納を使いこなすことができるようにはなりません。そのため、講座の中では必ず、「教訓帰納の大切さを実感してもらう活動」をし、その後に「色々な具体例を見せる」「使う練習をする」といったことを行うようにしました。

教訓帰納の大切さを実感してもらう活動としては、先ほど紹介した要塞問題や放射線問題に取り組んでもらいました。まず要塞問題を考えてもらい、答え合わせをして、その時に「小さな力に分けて、集めるとよい」という「考え方のポイント」を押さえさせてから、放射線問題を考えてもらいました。ポイントを押さえておくことで、問題が似た構造であるものだと、考えやすくなることを経験してもらったわけです。

時間に余裕がある時は、教室を半分に分けて簡単な実験をしました。要塞問題の答えのシートを生徒に配る時に、左半分の生徒のシートには「小さい力に分けてから真ん中で集めるとよい」といったポイントを印刷しておいたのに対して、右半分の生徒に配るシートにはそのポイントは載せませんでした。左半分と右半分でシートの内容が違っていることを生徒に内緒にしておいて、放射線問題に取り組んでもらいます。その後、放射線問題に正解できた人に手を挙げてもらうと、当然左半分の方が正解者の数は多くなります。このことを確認してからネタばらしをするわけです。

このようにして「考え方のコツ」を押さえておくと問題に取り組みやすくなることを全員で確認して、普段勉強をする時も、コツやポイントを押さえておくことが大切であると伝えます。

「色々な具体例を見せる」「使う練習をする」にあたる活動としては、実際の数学の問題での誤答例を配って、どんな間違え方をしているかを考えてもらいました。そして、こういった時にはどんなポイントを書き込んでおくとよいのか、グループで考えてもらいました。

このように、教訓帰納という勉強方法を身につけるには、その方法を知るだけでなく、色々な具体例を見ながら教訓の引き出し方を学んでいくことが大切です。

†個別指導でのトレーニング

教訓帰納については他にも研究があるので、紹介しておきましょう。この研究では、中学2年生の女子を対象とした個別指導の中で教訓帰納を指導していった事例が使われています（植阪 2010）。

ある女子生徒は、中学1年生の途中まではあまり勉強しなくてもある程度成績をとることができていました。ところが数学の成績が下がり出したので、2年生の夏休み前の定期試験に向けて頑張って勉強したのですが、さらに成績は下がってしまいました。

この論文を書いた研究者が、彼女にどのように勉強をしているのか聞いてみると、「とにかくたくさん問題を解いてなんとかしようとした」と答えました。実際に使っていた教科書やノートを見てみると、間違えた問題に印をつけておらず、問題を解いた後に「振り返り」をしている形跡も見られていませんでした。本人に確認してみると「丸つけをしない時もあるし、間違った理由などはまったく考えていない」とのことでした。

そこで、教訓帰納を使えるようになってもらうために、間違えた理由などの教訓を引き出して書き留めておくことを提案しました。実際の指導の中では、一問一問、「なぜ間違えたのか」「どうすればよかったのか」など、調査者が教訓を教えるというよりは、学習者自身に教訓を引き出させるようにしました。

こうした活動を続けたところ、「移項しないで計算してしまった」というメモが以前のノートに残っていることに気がつくようになりました。このような形で、自分の弱点がわかってくるようになったのです。1～2週間に1回のペースでこのような指導を行っていったところ、第3回の指導の時には「これをやっていたら力がつく気がする」「これまではノートにまとめるのってめんどくさくて嫌いだったし、今まで何度も解いて何とかしようと思っていたけど、こっちの方が甲斐がある」といった発言が見られるようになりました。

この研究では、教訓帰納の大切さや効果を実感している様子が見られたわけですが、先ほども説明したように、すぐによい教訓を引き出せたわけではありません。図表6－1は普段の勉強中に女子生徒がノートに書き込んでいたメモです。この時点ではまだ「まちがえた理由は不明（分からない）だから先生に聞く!!」といった記述も見られています。そのため、指導では、指導者も一緒に教訓を考えるようにして、「考え方のポイント」を押

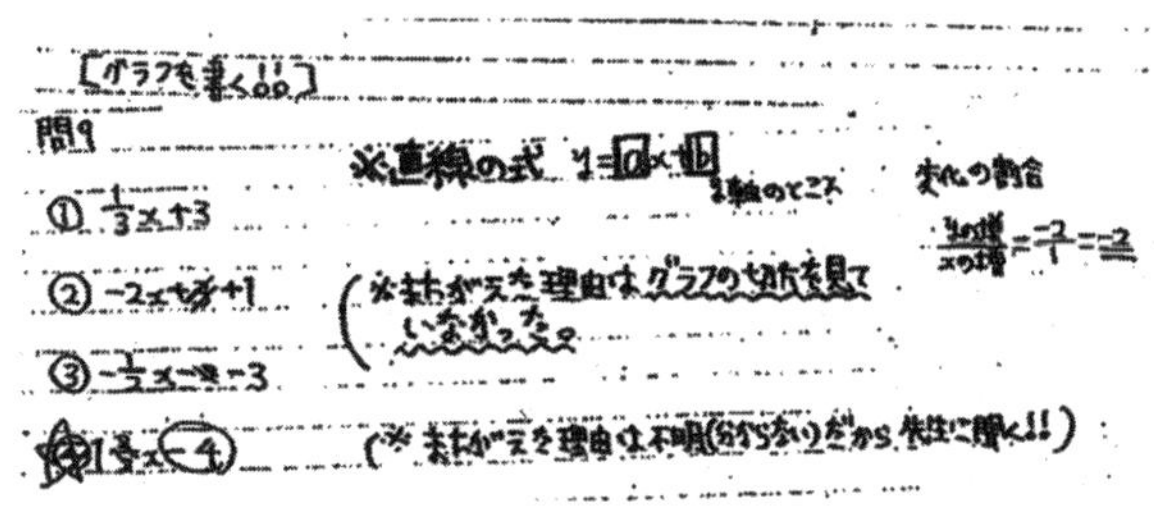

図表6-1　生徒がノートに残していたメモ
出典:(植阪　2010)

さえる練習を繰り返すようにしました。

その結果、指導から2カ月が経った頃には間違えた後の振り返りもうまくできるようになり、平均点よりも20点低かった成績も、平均点より高い点数がとれるようになりました。また、教訓帰納を使って勉強していった数学だけでなく、理科の勉強でも積極的に「なぜ間違えたのか」「考え方のポイント」などをメモするようになりました。このように、教訓帰納を使うことで、問題が考えやすくなるということを強く実感した様子が見られました。

効果があることは間違いありませんが、教訓帰納を使って勉強を始めても、すぐ上手にポイントを押さえられるようになるわけではありません。ここで紹介した個別指導の様子からもわかるように、最初は先生に一緒に考えてもらい、どういう間違え方の時にどんなポイントをメモしておけばよいのかを学んでおくほうがよいでしょう。ただし、いつまでも先生に考えてもらっていては教訓帰納ができるようにならないので、自分でポイントを書き出すことを繰り返し、先生や友達にチェックしてもらうなど、工夫をしながら学んでいきましょう。

†弱点や勉強方法の教訓

先に参照した論文では、一つ一つの問題に即して、考え方のポイントを押さえられるように練習していった様子が紹介されていました。問題を解く時に自分がどんなところでつまずきやすいのか、自分の普段の勉強の仕方のどこに問題があるのかを見直すことも大切です。こうしたポイントを振り返りやすくするには、私たちが問題を解く時の頭の中の作業プロセスについて知っておくとよいでしょう。

ここでは、数学の問題を解いていく時の流れを、図表6－2をもとにして説明しておきます（市川ら 2009）。

数学の文章題を解く時のプロセスは、大きく分ければ「問題を理解する」段階と、「問題を解く」段階に分かれます。それぞれの段階をもう少し細かく分解すれば、問題を理解する段階は「一つ一つの文を理解する」「問題の状況を理解する」に分かれ、問題を解決

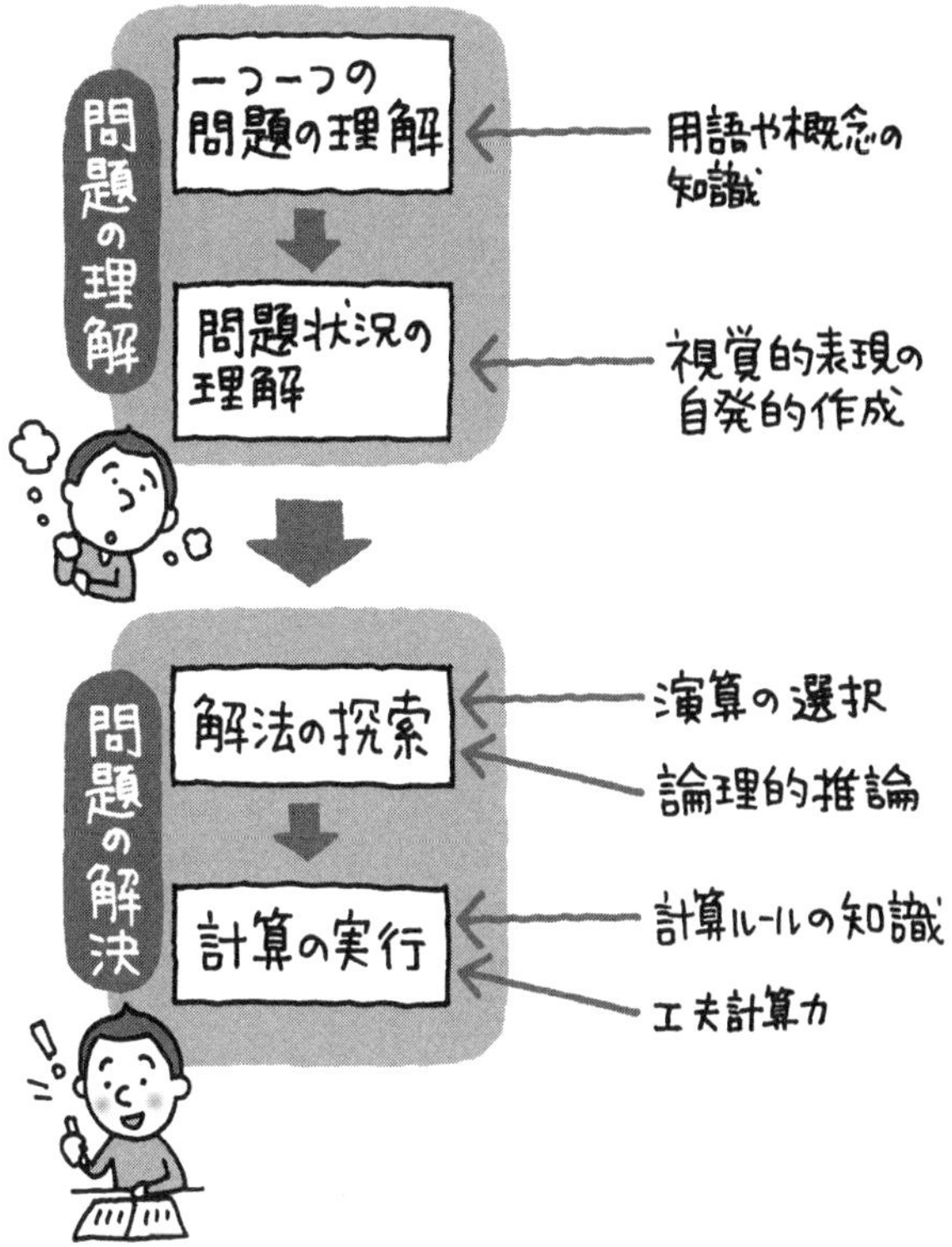

図表６-２　数学の問題を解く時の頭の中の作業の流れ
出典：（市川ら　2009）より作成

する段階は「式を立てる」「計算する」に分かれています。問題文を読んでから答えを出していくまでには、頭の中でこうした作業を順に行う必要があるわけです。

このように思考のプロセスがはっきりすると、それぞれの段階をクリアしていくために必要となる力も見えてきます。数学の文章題の一つ一つの文を理解するには、算数・数学の用語や概念の知識が必要です。

普段あまり意識していないかもしれませんが、算数や数学には特別な用語が結構出てきます。たとえば「比例」や「垂直二等分線」という言葉を知らなければ、その言葉が文章に出てきた時点でお手上げです。このように、問題文に出てきた用語や概念がどのようなことを指しているのかわからなかったのであれば、「用語の意味がわかっていなかった」という教訓を引き出しておきましょう。その場合、勉強する時の注意点として、「わからない用語が出てきたらちゃんと意味も押さえておく」といったように、勉強方法についてのポイントをメモしておくこともできます。

次は「問題の状況を理解する」作業です。いくら一つ一つの文の意味を理解できたとしても、その問題を本当の意味で「理解」したことにはなりません。今わかっていることは何か、どの部分がわかっていないのかなど、問題の状況がわかって、初めて問題を「理解」したと言えます。

この段階をクリアするために必要な知識や力とは何でしょうか。それが視覚的表現の作成、すなわち「図表を描く力」です。たとえば、AさんとBさんの速さと時間に関する問題であれば、AさんとBさんがどの時点でどのあたりにいるのかを図に描けないと、状況を理解できているとはいえないでしょう。図形を規則に沿って並べていく時の周の長さを求めなければいけない問題は、図形の数と周の長さがどのように変化していくのか、規則を見つける必要があります。そのためには図形の数と周の長さの変化の様子を表やグラフで整理しなければいけません。

問題の状況を理解するには実際に手を動かしてイメージを書いていく必要があります。問題を前にして腕を組んでウンウンうなりながら考えても解けるようになりません。「考える」という行為について、このようなイメージを持っている人が少なからずいますが、これで考えが進むことはないでしょう。

実際に手を使って図や表を描くことで、いつの間にか解き方や答えがみえてくることがあります。そのくらい、手を動かして図や表を書いてみることは重要です。たくさん問題を解いても一向に問題が解けるようにならない人を見てみると、手を動かしながら考えることが身についていないケースが多いように思います。

三つ目は、問題の状況がわかり、式を立てていく段階です。そのためにはどういう時に掛け算をすればよいのか、どういう時に割り算をすればよいのかなど、演算を正しく選ぶ力が必要になります。

また、この段階では公式の知識も必要になってきます。問題の状況が理解できて、解き方の道筋が見えても、公式を知らなかったせいで式が立てられずに間違えてしまう問題もあります。たとえば、せっかく図を描いて「この問題では大きな円錐から小さな円錐を引けばいいんだな」とわかっても、「ところで円錐の体積ってどうやって出すんだっけ……」とつまずいてしまっては式が立てられません。

最後に、式を立てた後に行う作業として「計算」があります。式が立てられれば、あとは正しく速く計算するだけです。そのためには、まず、基本的な計算ルールの知識（括弧の中は先に計算する、掛け算や割り算は足し算や引き算より先に計算するなど）をしっかりと押さえておく必要があります。

また、盲点になりがちですが、この段階では、工夫して計算しなければいけません。たとえば、「9＋9＋9＋9＋9」を計算する時に、最初からすべて足していく人はいないですよね。頭の中で「9×5」に置き換えて45という答えを出しているはずです。その他にも、分配法則を使うのも計算の工夫です。たとえば「43×10＋25×10」を計算する時には先に43＋25をしてから10倍した方が楽に答えが出せます。限られた時間で問題を解いていくには、実はこうした工夫を使いながら、速く正確に計算する力が必要なのです。

数学の文章題を解いていく時、こうしたプロセスを想定しておくと、問題を間違えた時に自分がどこでつまずいたのかが考えやすくなり、自分がやってしまいがちなミスに気づきやすくなります。自分の弱点に気づければ、次に問題を解く時にも意識しやすくなり、普段の勉強の時にも気をつけられるようになります。

問題を解いた後、教訓帰納をする時には、この節で説明したような問題を解く時のプロセスや、「その作業で必要になる力」をチェックポイントとしておくとよいでしょう。

†知識を定着させるには

この本では、知識を身につける際に、自分の知識と結びつける「精緻化方略」や、情報を整理する「体制化方略」が大切であることを説明してきました。精緻化方略や体制化方略の具体的な例は第2章で詳しく説明しましたが、復習の文脈でいえば、授業でしっかり理解した内容を定着させるために、自分の知識と結び付けたり、情報を整理したりしながら再度ノートにまとめ直す必要があります。

しかし、授業で教わった内容を毎日ノートにまとめるのはとても大変です。それが簡単にできたのだとしたら勉強に苦労しないでしょう。

それでは、そこまでできない場合、効果的に理解を深め、知識を定着させるにはどのような復習をすればよいでしょうか。一番手っ取り早い方法は、習った内容を自分の言葉で説明してみることです。自分の言葉で言い換えたり噛み砕いたりする作業は、自分の頭の中にある知識と授業で得た知識をつなげていかないとできません。そのため、こういった方法による復習は、精緻化方略を使っていると言えます。

授業で習った知識を自分の言葉で説明してみることの効果は、教育心理学では「自己説明」の研究の中で調べられてきました。そうした研究の一つとして、Chiたちの実験（1994）が挙げられます。この実験では、生物の循環系システム（血液が心臓や肺、手足の間をどう流れているか、人体の中でどのような役割を果たしているか）に関する文章を読む時に、自分で内容を説明しながら読むことの効果を調べました。

まず、これから読んでもらう生物の循環系システムの内容について、最初の時点でどのくらいの知識を持っているかテストをしました。図表6－3に示すように、このテストの問題の難易度は4段階に分かれています。レベル1は文章の中にはっきりと答えが書かれている問題、レベル2は文中の情報を統合して答える必要がある問題、レベル3は文を理解した上で既有知識を使いながら推論をして答えを出していかなければならない問題、レベル4は循環系システム全体を理解していないと解けない問題でした。

その後、循環系システムに関する文章を1文ずつ読んでもらいました。その時に、その文がどういう意味なのか、新しい情報は何か、前の文とどのように関係しているのか、その文を読んでどのようなことを考えたのかを声に出しながら読むように伝えました。文章には必要な情報がすべて書かれているわけではありません。そのため、どのような意味なのか、積極的に推測しながら読まないと「なんとなくわかった状態」で終わってしまい、本当に深く理解した状態には到達できません。深く理解するために、「自己説明」をしながら読むように指示したわけです。

さらにChiたちは、被験者の説明について掘り下げる質問を入れる条件（プロンプト条件）と、そうした質問をしない条件（統制条件）に分けました。プロンプト条件では、自己説明をする中で被験者が曖昧なことを言った時に、「それについてもう少し説明できま

レベル１：文中に答えがある問題

本文：ヘモグロビンは酸素や二酸化炭素を運ぶ分子です。
Q：ヘモグロビンは何を運びますか？

レベル２：文中の情報を統合する必要がある問題

本文：静脈は骨格筋の中を通っている。
　　　骨格筋が収縮することで静脈の中の血液が押し出される。
Q：重力に逆らって体の下の方から心臓に血液が上がってこれるのはなぜですか

レベル３：文を理解した上で、既有知識を使いながら推論する必要がある問題

本文：心臓は隔壁によって２つの部分に分かれている。

　　　血液は心臓の右側から肺に流れ、左側から体の方へと流れている。

　　　多くの二酸化炭素が含まれており、酸素は少なくなっている血液が体から心臓の右側に戻ってくる。

　　　血中の二酸化炭素は肺で取り除かれ、酸素が取り込まれる。

Q：なぜ隔壁に穴が空いていると酸素の流れの効率が悪くなってしまうのでしょうか

レベル４：循環系システム全体の理解を問う問題

本文：血液は酸素、栄養素などを運ぶ役割を果たしている。
　　　微小静脈が集まって静脈を形成し、多くの血液を心臓へ運ぶ。
　　　イギリスの科学者のウィリアム・ハーヴェイが、最初に心臓と血液が循環系システムを作り上げていることを発表した。
Q：蛇の毒は筋肉を麻痺させるため、蛇に噛まれるのは危険である。ではなぜ足首を噛まれても人間はすぐに死んでしまうのだろうか

図表６−３　本文テストで出題された問題
出典：(Chi ら　1994) より作成

すか？」「どういう意味ですか？」などの質問をしていきました。一方で、統制条件の被験者は、掘り下げる質問をされない代わりに、同じ文章を2回読むように指示されました。言い換えれば、この実験は、「掘り下げた自己説明をしながら読むこと」と「浅い自己説明を2回繰り返すこと」の効果を比べた実験であるともいえます。

このように二つの条件で文章を読んでもらった後で、再度、図表6-3のようなテスト問題に答えてもらい、文章の理解度を調べました。そうすると、どちらの条件も、文章を読む前よりも多くの問題に答えられるようになっていることがわかりました。つまり、自己説明をしながら文章を読んだことで、生物の循環系システムの理解が深められたのです。

加えて、先の二つの条件で読んだ際の違いもわかりました。掘り下げる質問をされながら自己説明をしたプロンプト条件の方が、統制条件よりも成績がよくなっていたのです。しかも、特にレベル3やレベル4の問題でその差が大きくなっており、「掘り下げた自己説明」は難しい問題であるほど効果が現れることがわかりました。

さらに、プロンプト条件の中で、たくさん自己説明をしていた人とあまり自己説明をしていなかった人に分けて分析をしてみると、たくさん自己説明をしていた人の方が成績がよくなっており、やはり、そうした効果はレベル3やレベル4の問題で特に大きくなっていました。

図表6－3を見てもらえばわかるように、レベル3やレベル4の問題は、単に文章に書かれている情報を覚えていれば答えられるものではありません。文章で説明されていることについて、「なぜそうなるのか」までわかっていなければ答えられない問題です。つまり、文章の内容の「深い理解」が求められる問題であると言えます。

この実験の結果から、文章で書かれている内容について、「どのような意味か」「新しい情報は何か」「前に読んだこととどういう関係か」などを自分の言葉で説明しながら読むことで、難しい問題にも答えられるくらい深い理解ができるようになることがわかりました。自分の言葉で説明をするには、頭の中の知識をつなげながら、筋が通るようにしないといけないので、この作業をすることで知識が精緻化されていきます。こうした方法を使えば、学んだ内容を深く理解できるようになることをChiたちの実験は示してくれているのです。

†普段の復習で始められること

ここまで紹介してきたChiたちの実験結果を普段の復習に生かすにはどうすればよいで

しょうか。その簡単な例が「教わった内容を自分でも説明してみる」です。ノートにまとめるわけではないので、気軽に取り組めそうです。しかもこれも精緻化方略だと言えるのです。

ただし、このやり方にはいくつか意識してほしいポイントがあります。その一つ目は、説明する相手をイメージすることです。「教える相手をイメージ（仮想）して、教えてあげるつもりで説明をしてみる」というわけです。こうした勉強のやり方は「仮想的教示」と呼ばれています（市川 1993）。

しかも、その時に想像する相手は、その内容を知らないと思われる人の方がよいと言われています。たとえば学校の先生をイメージして説明するのはあまりよくありません。先生のように、その内容をよく知っている人に説明しようとすると、「この人はよくわかっているから、細かく説明しなくても伝わるだろう」と思ってしまい、言葉足らずの説明で終わってしまうからです。

一方で、弟や妹のように、自分より学年が下の人やその内容を知らないと思われる人を想像して説明しようとすると、自分の言葉で言い換えたり、嚙み砕いたりする必要がでてきます。そうした作業で頭の中にある知識がつながっていき、理解が深まっていくのです。

二つ目のポイントは、説明する内容について、「なぜ」や「そもそも」を意識的に説明してみることが挙げられます。

Chi たちの実験では、単に考えたことを自己説明させるだけではなく、「なぜそうなるのか」「そもそもどういう意味か」を質問されるプロンプト条件の方が、文章の内容を深く理解できていました。こうした問いに答えるには、一つ一つの知識をつなげながら説明する必要があり、それによって理解が深まるのです。自分で説明しながら復習をする時にも「なぜ」「そもそも」について自分で自分に問いかけてみると高い効果が期待できるでしょう。

第5章で取り上げた、歴史の勉強の例を思い出してください。「なぜイギリスはエジプトを植民地にしたのか」という問いに対して、「エジプトにスエズ運河がある」「インドはイギリスの植民地だった」といった知識をつなげていくと、「エジプトのスエズ運河を使えばその頃植民地にしていたインドに最短ルートで行けるようになるから」という説明になります。

この内容を説明していく中で、「そもそも」「なぜ」インドを植民地にしていたのかという問いがうまれてきます。さらにそれに答えようとすれば「イギリスは綿工業が発達していた」「インドでは綿花が取れた」といった知識も必要になり、それらをつなげながら説明していくこともできるでしょう。このように、「なぜ」や「そもそも」について説明することで、いろいろな知識がつながりやすくなるのです。このあたりは意識するべき重要なポイントであると言えるでしょう。

こうした復習のやり方の効果は実際の学校でも実証的に示されています（太田・山野井2019）。この研究は、公立高校の数学の指導の中で、自分の言葉で説明する宿題の効果を調べたものになります。単元は高校1年生の三角比で、「$\tan(90°-A)=1/\tan A$と言えるのはなぜか、図を使いながら自分の言葉で説明しなさい」などのように、説明を求める宿題を出しました。

その結果、定期テストの時に、宿題で説明を求めた問題に関しては、8割以上の生徒が正解できていました。一方で、宿題として出してはいたものの、こうした説明型の宿題にしていなかった他クラスでは6割となっており、違いが見られていました。また、宿題として出さなかった範囲の問題の正答率は、どちらのクラスも5割程度でした。この結果は、授業で学んだ内容について、自分の言葉で説明をしておくことの効果を示すものと言えるでしょう。

†説明することのメリット

ここまで、学んだ内容について自分の言葉で説明することで、知識の精緻化ができることを説明してきました。精緻化によって知識が定着しやすくなるということ以外に、説明することには、実はもう一つのメリットがあります。それは、「わからないことがわかる」というものです。

自分で自分の理解度をチェックする作業は、第3章で説明した「メタ認知的方略」の一つである「モニタリング」に当たります。しかし自分の理解度を自分でチェックすることはとても難しく、多くの人は、授業でわかりやすく教えてもらうと、本当はわかっていないのに「わかったつもり」になって満足してしまいます。

また、まったくわからない時は、「どこがわからないかもわからない」状態になってしまうことがあるでしょう。これでは、うまくモニタリングができません。どちらも、どこがわかっていて、どこがわかっていないのかを把握できていないのです。実際、メタ認知の正確さについて調べた研究では、たとえ大学生であっても、自分の理解度を正確に評価することができないことが報告されています。そのくらい、理解度を把握することは難しいことなのです。

そんな時にも「自分の言葉で説明してみる」という勉強方法は役に立ちます。知識を単に覚えているだけでなく、きちんと理解できているかは、自分の言葉で説明しようとすると、すぐにわかります。うまく説明できれば「ちゃんとわかっている」ことになり、説明できなければ「十分にわかっていない」ことになります。何がまだわかっていないのかがはっきりすれば、そこをもう一度学び直せばよいでしょう。

この方法をノート作りに活かせば、「弱点ノート」を作成することもできるでしょう。授業で使ったノートには、授業の内容が簡潔にまとめられていて、さらに、授業の中で特に大切だと思った自分のメモも残っていると思います。このノートを見直しながら、授業で教わったことを自分の言葉で説明してみて、うまく説明できなかったこと、つまり、自分が理解できていなかったことだけを、別のノートにまとめていく。そうすれば、そのノートは、自分だけの「弱点ノート」になります。

これならば、授業で教わったことをすべてノートにまとめるよりも効率的に復習していくことができるでしょう。自分の言葉で説明することは、知識をつなげて理解を深めていく上でも、自分が深く理解できているかを確認する上でも役に立つ、一石二鳥の勉強方法なのです。

†教科書に立ち戻ることの大切さ

復習に関して、教科書を使わない人が多いように見受けられます。しかし、教科書には大切なことがわかりやすくまとめられているので、自分がわかっていないことを見つけたら、教科書を調べてみるのがもっとも簡単です。

ここでは教科書の使い方に注目した研究を見ていきましょう（福田 2017）。この研究では、教科書の使い方として、「自律的利用」「依存的利用」「表面的利用」の三つがあることが報告されています（図表6－4）。

自律的利用とは簡単に言ってしまえば、教科書の「上手な使い方」のことです。「教科書や参考書を見返すときに、例題や類題を解く手順だけでなく、なぜそのような式になるのかについての説明も読む」「公式そのものだけでなく、公式の説明部分も読む」といったことを指します。

次の依存的利用は「わからない問題があったとき、自分で考えずに教科書や参考書を見返す」など、答えを探すために教科書を使うというものです。これではせっかく教科書を

自律的利用

例題や類題の解く手順だけでなく、なぜそのような式になるのかについての説明も読む。

公式そのものだけでなく、公式の説明部分も読む。

わからない問題があったとき、教科書や参考書を見返して、自分の足りない知識を確認する。

依存的利用

わからない問題があったとき、自分で考えずに教科書や参考書を見返す。

教科書や参考書を見返すときには、なるべく自力で解くためよりも、とにかく答えを出すために読む。

もう少し考えたらわかる問題でも、自分で考えずに教科書や参考書を見返す。

表面的利用

わからない問題があったとき、同じパターンの問題を探して、「解く手順」を見ながら解く。

教科書や参考書を見返すとき、使える公式を探し、公式に当てはめて解く。

図表６－４　教科書の使い方
出典：（福田　2017）より作成

使っていても、やっていることとは「答えを写す」ことと変わりません。これでは理解が深まる効果は期待できませんし、別の問題を解くときに役立つわけでもありません。

　最後の表面的利用は、教科書の中の「同じパターンの問題の解き方を真似する」というものです。その時は問題の答えがみつかるかもしれませんが、これでは似たような問題を解くうえで役に立つ教訓を引き出せることはないでしょう。教訓帰納の説明の際にも述べましたが、別の問題が解けるようになるためには、答えを写したり、正しい解き方を覚えればよいわけではなく、なぜ間違えたのか、どのように考えれば解けたのかを押さえておくことが大切です。分からないところについて、教科書で確認をする時にも、こうした点をメモしておくことが重要であると言えます。

†苦手な科目や嫌いな科目でどうするか

ここまで、問題が解けるようになるには教訓帰納（なぜ間違えたのか、どう考えればよかったかなど、考え方や解き方のコツをメモしておく）が有効であることや、理解を深めたり、自分の理解度を確認するためにも、自分の言葉で説明してみることの重要性を説明してきました。

ただし、苦手な科目や嫌いな科目についてこれらの方法で復習するのはハードルの高い話だと思います。逆に言えば、上手に勉強している人、勉強が好きな人は、そのくらい高度なことをやっているとも言えます。誰もが勉強好きというわけではないでしょうし、好きな科目もあれば嫌いな科目もあります。では、苦手な科目や嫌いな科目ではどのような復習の仕方が考えられるでしょうか。

まず、最初にできそうなこととしては、友達からアドバイスをもらうことです。すでに説明した通り、勉強の仕方は（1）やり方を教わる、（2）やり方を真似する、（3）一人でやってみる、（4）いろいろな場面で使いこなす、の4段階で身についていくと言われています。

そのため、やり方をしっかりと教えてもらうことや、具体的にどうやってやればよいのかを勉強が上手な友達に教えてもらうことはとても大切です。先にも紹介した、数学が苦手だった女子生徒に教訓帰納を教えた研究では、指導者と一緒に教訓を考える練習を繰り返していました（植阪 2010）。それによってポイントの摑み方を学ぶことができ、どういうことをノートに書いておくとよいのかを知ることができたのです。

友達と一緒に勉強するのは、苦手で気分が乗らない教科の勉強に取り組む上でとても重要な工夫です。自分のやる気を高める動機づけ調整方略にも、友達と一緒に勉強する「協同方略」というものがあります。

一緒に勉強する過程で「この問題を解く時のコツってどうやって書いておけばいいかな」と聞いたり、「こういう時ってどうやってノートをまとめておくといいの？」と聞いて、アドバイスをもらえば、勉強の質を高めていくことができるでしょう。

それ以外にも、苦手な教科を復習する際は、いきなり「なぜ」を理解しようとしないで、「基本的な知識を押さえること」を目標として設定することも大切です。心理学の「やる気」の研究から、わたしたち人間は、できそうだという期待感が持てないとやる気が出ないことが知られています。このことからも、目標は少し頑張ればできそうな、手の届くものに設定するとよいでしょう。

漠然とした内容よりも具体的な内容の方がこうした期待感はさらに高まります。たとえば、最初は「習った公式を整理してみる」ことを目標にして、少し慣れてきたら「例題の解き方を自分で説明してみる」といった方法もやってみるとよいと思います。そして、余裕が出てくれば「問題の解き方のポイントをメモしておく」といったように、教訓帰納を取り入れた復習にしていくとよいのではないでしょうか。

歴史の勉強のように覚えることがたくさんある場合も、目標の立て方は大切になります。「とりあえず歴史の大まかな流れだけは言えるようにしよう」とか「大事な出来事をいくつか押さえておこう」というように、大きな流れや枠組みだけを目標にしてから、少しずつ細かい内容を加えていくような工夫ができます。

当然ですが、基本的な知識が頭に入っていなければ、出来事の因果関係のような、知識どうしのつながりを理解することはできません。意味もわからずにとりあえず覚えることは、深い理解とは言えないわけですが、理解を大事にすることで勉強のハードルが上がってしまい、まったく勉強に手がつけられなくなってしまうなら話は別です。そうなってしまうのであれば、苦手な科目や嫌いな科目では、赤シートを使いながら少しずつ知識を増やしていくことも大事な目標になります。

ただし、このようにして覚える場合でも工夫はできます。第2章でも説明したように、繰り返して覚えていく時には、「忘れかけた頃にやる」ことが大切です。覚えたい内容を、まずは一つずつ「思い出す」という作業をしてみて、覚えていなかったものにはチェックを付けていきます。そして、「忘れかけたタイミング」で2回目の学習、3回目の学習を行っていけばよいのです。覚えなければならない内容を何回も繰り返して覚えようとするのではなく、覚えていなかったものや、記憶が怪しいものについて何度もやるといったように、工夫しながら学んでいきましょう。

もちろん、少しずつ知識が頭に定着してきたら、逆に「出来事」や「事件」の名前を見た時に、「どういう出来事で、なぜ起こったのか」を説明してみたり、「人物名」を見た時に「どのような人物で何をした人か、なぜそのようなことをしたのか」を説明してみるとよいでしょう。

自分の言葉で知識をつなげながら説明できるかやってみることで、徐々に内容を深く理解できるようになり、知識が定着していくと考えられます。

最終的な到達地点は、「なぜ」や「そもそも」が自分の言葉で説明できるようになることです。でも、もっと大切なことは、それができるようになるために、工夫していくことです。

誰もが好きなことや得意なことだけやっていればよいような仕事に就けるわけではありません。生きていく上では、嫌いなことや苦手なことも、工夫してなんとかこなしていかなければいけません。学校生活で色々な教科の勉強をすることは、そうした工夫する力をトレーニングする上で非常に重要な役割を果たしています。苦手だからこそ、嫌いだからこそ、「工夫して学ぶ力」を身につけましょう。

おわりに

本書では、心理学の理論や研究結果にもとづきながら、勉強する際の様々な工夫について、説明してきました。

筆者自身が行ってきた研究については、『予習の科学――「深い理解」につなげる家庭学習』（図書文化社）としてまとめていましたが、それは学校の先生向けに書いたものでした。そのため、中学生や高校生、大学生など、今まさに勉強に励んでいる人たち、勉強に悩んでいる人たちに向けた本も書きたいと思っていました。

そんな矢先に、筑摩書房の橋本陽介さんから本書の企画をいただきました。喜んで引き受けさせていただき、この度、出版される運びとなりました。今まで教育心理学のテキストや学術書など、様々な本を執筆してきましたが、新書を書くのは初めてだったので、最初は戸惑うことも少なからずありました。しかし、橋本さんから執筆での注意点を丁寧に教えていただき、読者のみなさんに話しかけるように、楽しみながら執筆することができました。細部までご助言くださりながら、企画から完成までサポートしてくださった橋本さんに心より感謝申し上げます。

今、文部科学省や国立教育政策研究所が発行する様々な文書には、「学習の自己調整」といった文言が明記されています。そのため、本書で言及してきた、工夫して学ぶ力、自分の勉強を自分で調整する力は、今後さらに重要視されていくものと思われます。「学習の自己調整」というと、「学習者が自分の関心に沿って学習を進める」といったイメージが持たれてしまうことがあります。そのため、「学習の自己調整」は、自由研究のような探究学習に関するものと受け取られることが多々ありますが、本書の中でも説明してきたように、「学習の自己調整」とは、見通しを立てて、実行して、振り返りをして、その後の改善につなげていく作業を指します。その点では、仕事の文脈で使われる「ＰＤＣＡサイクル」と同じ内容です。

テストに向けて勉強の計画を立て、勉強に取り組んで、テストの結果を振り返って自分の計画の立て方や勉強の仕方を改善する。これは、テストを軸にしながら「学習の自己調整」をしていることになります。宿題にいつ、どこで取り組むかの計画を立てて、実際に宿題に取り組んで、どのくらい時間がかかったか、どのくらい理解できたかを振り返って、次に宿題に取り組む時に改善を図れば、宿題を軸にして「学習の自己調整」をしていることになります。予習をもとに授業で何を理解したいか計画を立て、授業を受けて、自分の理解を振り返り、次の復習の計画を立てる。予習─授業─復習という流れの中でも、「学習の自己調整」は行われています。このように考えると、「学習の自己調整」は、日々の勉強の色々なところに埋め込まれていることがわかるでしょう。

また、工夫して学ぶ力を高めていく時に、先生や保護者の方々が果たす役割は非常に大きいと言えます。

本書で説明したように、児童・生徒は（1）やり方を教わる、（2）やり方を真似する、（3）一人でやってみる、（4）いろんな場面で使いこなす、といった段階を経て、自分の学習を自分で調整する力を身につけていくと言われています。そのため、初期の段階では先生や保護者といった「学習者としての先輩」が様々な勉強の仕方、工夫を教え、手本を見せる必要があります。

その意味で、本書は中学生や高校生、大学生のみなさんを対象として書かれたものではありますが、本書で紹介した様々な工夫は、学校の先生方や保護者の方々にも、是非押さえておいていただきたいと思います。もちろん、学習指導の中で家庭学習に働きかけていくとなると、普段の授業との接続のさせ方など、考えなければならないことが出てきます。そうした内容について詳しく知りたい方は『予習の科学――「深い理解」につなげる家庭学習』（図書文化社）をお読みいただければと思います。

冒頭にも述べましたように、学習や教育では、「これさえやっていれば大丈夫」という答えがあるわけではありません。本書をきっかけとして、多くの人が勉強のやり方や工夫の仕方に関心を持ってくださり、学校で、家庭で、どうやったらうまく勉強をしていけるかを話題にしていただけるようになったら大変嬉しいです。

2023年12月10日　篠ヶ谷圭太

参考文献

Aiken, E. G., Thomas, G. S., & Shennum, W. A. (1975). Memory for a lecture: Effects of notes, lecture rate, and informational density. *Journal of Educational Psychology*, 67 (3), 439-444.

赤松大輔 (2017)「高校生の英語の学習観と学習方略、学業成績との関連——学習観内、学習方略内の規定関係に着目して」『教育心理学研究』65 (2)、265—280頁

Ausubel, D. P. (1960). The use of advance organizers in the learning and retention of meaningful verbal material. *Journal of Educational Psychology*, 51 (5), 267-272.

Ausubel, D. P., Stager, M., & Gaite, A. (1968). Retroactive facilitation in meaningful verbal learning. *Journal of Educational Psychology*, 59 (4), 250-255.

Azevedo, R., & Cromley, J. G. (2004). Does training on self-regulated learning facilitate students' learning with hypermedia? *Journal of Educational Psychology*, 96 (3), 523-535.

Azevedo, R., Cromley, J. G., & Seibert, D. (2004). Does adaptive scaffolding facilitate students' ability to regulate their learning with hypermedia? *Contemporary Educational Psychology*, 29 (3), 344-370.

Azevedo, R., Cromley, J. G., Winters, F. I., Moos, D. C., & Greene, J. A. (2005). Adaptive human scaffolding facilitates adolescents' self-regulated learning with hypermedia. *Instructional Science*, 33, 381-412.

Bandura, A. & Schunk, D. H. (1981) Cutivating competence, self-efficacy, and intrinsic interest through proximal self-motivation, *Journal of Personality and Social Psychology*, 41, pp. 586-598.

Bower, G. H., Clark, M. C., Lesgold, A. M., & Winzenz, D. (1969). Hierarchical retrieval schemes in recall of categorized word lists. *Journal of Verbal Learning and Verbal Behavior*, 8 (3), 323-343.

Bransford, J. D., & Stein, B. S.（1984）. *The ideal problem solver: A guide for improving thinking, learning, and creativity.* New York: W. H. Freeman.

Chi, M. T., De Leeuw, N., Chiu, M.-H., & LaVancher, C.（1994）. Eliciting self-explanations improves understanding. *Cognitive Science,* 18（3）, 439-477.

Dillon, J. T.（2004）. *Questioning and teaching: A manual of practice.* Wipf and Stock Publishers.

Elliot, A. J., McGregor, H. A., & Gable, S.（1999）Achievement goals, study strategies, and exam performance: a mediational analysis. *Journal of Educational Psychology* 91（3）, 549-563.

福田麻莉（2017）「家庭学習のつまずき場面における数学の教科書・参考書の自発的利用――教科書観と教師による教科書の使用に着目して」『教育心理学研究』65（3）、346―360頁

Gick, M. L., & Holyoak, K. J.（1983）. Schema induction and analogical transfer. *Cognitive Psychology,* 15（1）, 1-38.

堀野緑・市川伸一（1997）「高校生の英語学習における学習動機と学習方略」『教育心理学研究』45（2）、140―147頁

市川伸一（1993）『学習を支える認知カウンセリング――心理学と教育の新たな接点』ブレーン出版

市川伸一（2004）『学ぶ意欲とスキルを育てる――いま求められる学力向上策』小学館

市川伸一（2007）『勉強法が変わる本――心理学からのアドバイス』岩波ジュニア新書

市川伸一（2008）『「教えて考えさせる授業」を創る――基礎基本の定着・深化・活用を促す「習得型」授業設計』図書文化

市川伸一・堀野緑・久保信子（1998）「学習方法を支える学習観と学習動機」市川伸一（編著）『認知カウンセリングから見た学習方法の相談と指導』ブレーン出版、186―203頁

市川伸一・南風原朝和・杉澤武俊・瀬尾美紀子・清河幸子・犬塚美輪・村山航・植阪友理・小林寛子・篠ヶ谷圭太（2009）「数学の学力・学習力診断テスト COMPASS の開発」『認知科学』16（3）、333―347頁

Kiewra, K. A.（1985）. Investigating notetaking and review: A depth of processing alternative. *Educational Psychol-*

ogist, 20 (1), 23–32.

Kiewra, K. A. (1987). Notetaking and review: The research and its implications. *Instructional Science*, 16, 233–249.

Kiewra, K. A., Mayer, R. E., Christensen, M., Kim, S., & Risch, N. (1991) Effects of repetition on recall and note-taking: Strategies for learning from lectures. *Journal of Educational Psychology*, 83, 120–123.

Kiewra, K. A., Benton, S. L., Kim, S.-I., Risch, N., & Christensen, M. (1995). Effects of note-taking format and study technique on recall and relational performance. *Contemporary Educational Psychology*, 20 (2), 172–187.

国立教育政策研究所（2019）「学習評価の在り方ハンドブック（小・中学校編）」https://www.nier.go.jp/kaihatsu/pdf/gakushuhyouka_R010613-01.pdf

松尾豊（2015）『人工知能は人間を超えるか　ディープラーニングの先にあるもの』角川 EPUB 選書

Miyake, N., & Norman, D. A. (1979). To ask a question, one must know enough to know what is not known. *Journal of Verbal Learning and Verbal Behavior*, 18 (3), 357–364.

水野りか（1998）「分散学習の有効性の原因　再活性化量の影響の実験的検証」『教育心理学研究』46（1）、11—20頁

文部科学省（2017）「小・中学校　学習指導要領」

文部科学省（2021）「学習指導要領の趣旨の実現に向けた個別最適な学びと協働的な学びの一体的な充実に関する参考資料（令和３年３月版）」

https://www.mext.go.jp/content/20210428-mxt_kyoiku01-00014639_13.pdf

Muis, K. R., & Franco, G. M. (2009). Epistemic beliefs: Setting the standards for self-regulated learning. *Contemporary Educational Psychology*, 34 (4), 306–318.

根岸雅史（2007）「日本の高校生の家庭英語学習の実態と日常英語使用経験　東アジア高校英語教育 GTEC 調査２００６報告書」ベネッセコーポレーション、14—20頁

O'donnell, A., & Dansereau, D. F. (1993). Learning from lectures: Effects of cooperative review. *The Journal of experimental education*, 61 (2), 116-125.

太田絵梨子・山野井俊介（2019）「意味理解を重視した宿題の開発と授業との連動——高校数学を対象として」『日本教育工学会論文誌』43（２）、１５１—１６５頁

小野田亮介・河北拓也・秋田喜代美（2018）「付箋による意見の可視化と分類が議論プロセスに与える影響——参加者のシャイネスに着目して」『日本教育工学会論文誌』41（４）４０３—４１３頁

Otis, N., Grouzet, F. M., & Pelletier, L. G. (2005). Latent motivational change in an academic setting: A 3-year longitudinal study. *Journal of Educational Psychology*, 97 (2), 170-183.

Pintrich, P. R., & De Groot, E. V. (1990). Motivational and self-regulated learning components of classroom academic performance. *Journal of Educational Psychology*, 82 (1), 33-40.

Pintrich, P. R., Smith, D. A., Garcia, T., & McKeachie, W. J. (1993). Reliability and predictive validity of the Motivated Strategies for Learning Questionnaire (MSLQ). *Educational and Psychological Measurement*, 53 (3), 801-813.

酒井志延（2001）「学力評価　英語教員研修研究会（編）現職英語教員の教育研修の実態と将来像に関する総合的研究」１１０—１１７頁、平成12年度科学研究費補助金基盤研究（Ｂ）研究成果報告書

佐藤純（1998）「学習方略の有効性の認知・コストの認知・好みが学習方略の使用に及ぼす影響」『教育心理学研究』46（４）、３６７—３７６頁

Schunk, D. H. (1989). Self-efficacy and achievement behaviors. *Educational Psychology Review*, 1, 173-208.

Schunk, D. H. (1990). Goal setting and self-efficacy during self-regulated learning. *Educational Psychologist*, 25 (1), 71-86.

Schunk, D. H. (1991). Self-efficacy and academic motivation. *Educational psychologist*, 26, 207-231.

澁川幸加・田口真奈・西岡貞一（2019）「反転授業におけるワークシートの利用が対面授業時の学びへ与える影響——対面授業時の発話内容と深い学習アプローチに着目して」『教育メディア研究』26（１）、１—19頁

篠ヶ谷圭太（2008）「予習が授業理解に与える影響とそのプロセスの検討――学習観の個人差に注目して」『教育心理学研究』56（2）、256―267頁

篠ヶ谷圭太（2010）「高校英語における予習方略と授業内方略の関係――パス解析によるモデルの構築」『教育心理学研究』58（4）、452―463頁

篠ヶ谷圭太（2011）「学習を方向づける予習活動の検討――質問に対する解答作成と自信度評定に着目して」『教育心理学研究』59（3）、355―366頁

篠ヶ谷圭太（2012）「学習方略研究の展開と展望――学習フェイズの関連づけの視点から」『教育心理学研究』60（1）、92―105頁

篠ヶ谷圭太（2013）「予習時の質問生成への介入および解答作成が授業理解に与える影響とそのプロセスの検討」『教育心理学研究』61（4）、351―361頁

Shinogaya, K. (2017). Preparatory learning behaviors for English as a second language learning: The effects of teachers' teaching behaviors during classroom lessons. In Emmanuel, M., Uesaka, Y., and Chinn, C. (Eds.). *Promoting spontaneous use of learning and reasoning strategies*, pp. 155–171. Routledge.

Shinogaya, K. (2018). Motives, beliefs, and perceptions among learners affect preparatory learning strategies. *The Journal of Educational Research*, 111 (5), 612–619.

Shinogaya, K. (2021a). Effective ways of enhancing the quality of question generating and spontaneous information search outside the classroom. *International Journal of Higher Education*, 10 (3), 58–74.

Shinogaya, K. (2021b). Exploring the effects of question generation instruction on attitudes and strategy uses in and out of the classroom. *Learning: Research and Practice*, 7 (2), 165–178.

Shinogaya, K. (2022). The effect of answering pre-questions and evaluating confidence in preparation on learning in classroom instruction. *Educational Practice and Theory*, 44 (1), 41–59.

篠ヶ谷圭太（2022）『予習の科学――「深い理解」につなげる家庭学習』図書文化

篠ヶ谷圭太・福本雅俊・山本愛美・川村明子・中井嘉子（2024）「総合的な学習の時間を用いた学習方略の探究」『日本教育工学会論文誌』48
鈴木豪（2016）「小学校高学年における学習観と算数の課題解決との関連」『教育心理学研究』64（3）、327—339頁
田中博之・木原俊行・大野裕己（2009）「授業と家庭学習のリンクが子どもの学力を伸ばす：家庭学習充実に向けての学校・教師・保護者の連携を目指して」Benesse 教育研究開発センター
辰野千寿（1997）『学習方略の心理学——賢い学習者の育て方』図書文化
内田奈緒（2021）「中高の英語学習における語彙学習方略——方略使用・有効性と規定要因に関する発達的差異の検討」『教育心理学研究』69（4）、366—381頁
植木理恵（2002）「高校生の学習観の構造」『教育心理学研究』50（3）、301—310頁
植阪友理（2010）「学習方略は教科間でいかに転移するか——「教訓帰納」の自発的な利用を促す事例研究から」『教育心理学研究』58（1）、80—94頁
梅本貴豊・田中健史朗（2012）「大学生における動機づけ調整方略」『パーソナリティ研究』21（2）、138—151頁
Zimmerman, B. J., Bonner, S., & Kovach, R. (1996). *Developing self-regulated learners: Beyond achievement to self-efficacy*. American Psychological Association.
Zimmerman, B. J., & Schunk, D. H. (2011). Self-regulated learning and performance: An introduction and an overview. In Zimmerman, B. J., & Schunk, D. H. (Eds.). *Handbook of Self-Regulation of Learning and Performance*, pp. 15–26.

ちくま新書
1784

使《つか》える！ 予習《よしゅう》と復習《ふくしゅう》の勉強法《べんきょうほう》
——自主学習《じしゅがくしゅう》の心理学《しんりがく》

二〇二四年三月一〇日 第一刷発行

著者 篠ヶ谷圭太（しのがや・けいた）
発行者 喜入冬子
発行所 株式会社 筑摩書房
東京都台東区蔵前二-五-三 郵便番号一一一-八七五五
電話番号〇三-五六八七-二六〇一（代表）
装幀者 間村俊一
印刷・製本 三松堂印刷 株式会社

ISBN978-4-480-07610-6 C0237